LA
QUESTION OUVRIÈRE

AU XIXe SIÈCLE

LA

QUESTION OUVRIÈRE

AU XIXe SIÈCLE

PAR

PAUL LEROY-BEAULIEU

DEUXIÈME ÉDITION

PARIS

G. CHARPENTIER, ÉDITEUR

13, RUE DE GRENELLE-SAINT-GERMAIN, 13

—

1881

PRÉFACE

L'ouvrage que nous publions n'est pas complétement inédit. Les quatre parties les plus importantes, celles qui traitent des grèves, des *trades unions*, de la participation aux bénéfices, et du rôle de la bourgeoisie dans la production, ont constitué quatre articles de la *Revue des deux Mondes*, et ont paru dans le premier semestre de l'année 1870. Nous n'avons eu rien à changer à ces études. Les funestes événements, qui se sont passés depuis un an, n'ont fait que confirmer l'exactitude de nos analyses et de nos prévisions. Nous livrons donc, en toute confiance, ce travail aux lecteurs sérieux. Le plus grand fléau de notre temps, c'est la frivolité avec laquelle les hommes du monde, et même les hommes en place réputés compétents, abordent et tranchent les questions les plus difficiles. Il semble qu'il n'y ait besoin ni d'informations précises, ni de réflexions longues, pour proposer à la société, toutes sortes de systèmes de palingénésie, ou de plans de conciliations. Nous estimons, quant à nous, que cette légèreté est coupable. En offrant ce livre au public, nous croyons avoir le droit de nous rendre ce témoignage, que nous n'avons rien épargné pour faire une œuvre exacte, consciencieuse et impartiale.

4 décembre 1871.

LA QUESTION OUVRIÈRE

AU XIXᵉ SIECLE

PREMIÈRE PARTIE

CHAPITRE PREMIER

LE SOCIALISME ET LES GRÈVES

Dans un discours qui date de quelques années et qui eut un grand retentissement en Europe, l'un des hommes d'État les plus illustres de notre temps, M. Gladstone, a osé dire que le dix-neuvième siècle serait appelé par l'histoire « le siècle des ouvriers. » Il y a dans cette parole une part notable d'exagération oratoire : entendue à la lettre, elle serait non moins injuste qu'inexacte ; mais elle exprime, sous une image un peu forcée, la place importante et presque prépondérante que les questions de travail et de salaire ont prise dans les préoccupations de la société contemporaine. Les populations ouvrières ne jouent pas encore dans notre civilisation le principal rôle, et peut-être ne le joueront-elles jamais ; toutefois leurs intérêts, leurs doctrines, leurs aspirations, ont acquis, au point de vue de la paix et de la liberté sociale, une influence qui grandit chaque jour.

La révolution mémorable qui ferma le siècle dernier avait eu la prétention de détruire toutes les distinctions de classes et de ne plus laisser subsister aucune barrière entre les différentes parties d'un même peuple. Cependant, comme si les efforts magnanimes de nos aïeux s'étaient trouvés illusoires, les fractions de la société qui vivent principalement du travail manuel affirment qu'elles sont iniquement exploitées par les autres catégories de citoyens, et, sous le prétexte de rétablir ou plutôt de créer la justice dans les relations sociales, elles annoncent l'intention de refondre non-seulement les institutions, mais encore les mœurs et les idées, en un mot la civilisation tout entière. Cet esprit d'hostilité radicale contre l'ordre existant a deux modes de manifestations : d'un côté, dans le domaine théorique, les discussions journalières, les programmes et les systèmes qui remplissent les réunions publiques et les organes de la presse avancée; de l'autre, dans le domaine des faits, ces crises si nombreuses qui font irruption tour à tour dans nos divers centres manufacturiers et qui, en suspendant le travail, troublent le cours naturel de la production, et arrêtent la marche progressive de nos industries.

En présence de ces idées subversives et de ces fréquents désordres matériels, les esprits les plus fermes se trouvent déconcertés, et se prennent à douter parfois de l'efficacité des principes de liberté par lesquels ils croyaient assurer le développement régulier et pacifique de la civilisation. Des catastrophes comme celles de Seraing, de la Ricamarie et d'Aubin, des coalitions grosses de périls comme celles de Bâle, de Genève et du Creuzot, des tentatives ouvertement criminelles comme celles qui avaient ensanglanté Sheffield il y a quelques années, et qui viennent de se renouveler ces jours derniers à Thorncliffe, tout cet enchaînement de faits déplorables jette l'alarme parmi les populations paisibles et laborieuses, dont ils compromettent le repos et entravent l'essor. Le moindre mal produit par ces crises successives et rapprochées n'est pas cette frayeur extrême qui envahit peu à peu le parti conservateur, et qui pourrait le jeter à la longue dans la voie des mesures de compression.

Quelles sont les causes de cet état maladif où semblent se trouver les populations ouvrières de plusieurs de nos grands centres industriels? quels sont dans l'histoire, et spécialement dans la première partie de ce siècle, les antécédents de ces idées de violence et de guerre qui se manifestent dans les réunions ouvrières et dans les grèves? comment la constitution de notre industrie se trouve-t-elle affectée par ces discordes intestines? quelle est la position respective des entrepreneurs et des ouvriers dans ces regrettables luttes? Telles sont les graves questions que nous nous proposons d'examiner, questions traitées bien des fois au point de vue scientifique et général, mais qui ont été rarement abordées sur le terrain des faits actuels et de la situation présente. En remontant ainsi à l'origine du mal, en suivant notre organisation industrielle dans les modifications qu'elle a éprouvées depuis cinquante ans, nous comprendrons mieux le caractère de la crise contemporaine, nous serons moins prompts à nous en exagérer les dangers, nous aurons plus de facilité à discerner les remèdes efficaces des remèdes chimériques.

I

C'est une illusion naturelle à tous les siècles et à tous les peuples de considérer comme nouvelles des maladies ou des souffrances sociales dont l'existence est ancienne, et qui tiennent à l'essence même du genre humain. « Nous sommes très-sensibles aux piqûres que nous éprouvons, a dit Rossi, et nous oublions les blessures désormais cicatrisées de nos ancêtres. » C'est ainsi que beaucoup d'esprits judicieux regardent le socialisme comme une aberration propre à notre temps. D'autres, plus instruits des faits de l'histoire, constatent dans les sociétés grecque et romaine les premiers symptômes de ce fléau dangereux, devenu endémique parmi nous; mais cette vue même est bornée, et une connaissance plus exacte des nations qui peuplent l'univers nous apprend que le socialisme est un fait beaucoup plus général et plus permanent que l'on n'est porté d'ordinaire à le croire. Si l'on entend par ce mot non pas une doctrine nettement formulée ou un système précis d'organisation sociale, mais bien un sentiment âpre et haineux des misères de la civilisation, un violent esprit de révolte contre l'inégalité naturelle des conditions et des existences, un effort collectif pour reconstituer la société sur des bases artificielles, il est incontestable que le socialisme a existé dans tous les âges et sous tous les climats. C'est une erreur et en même temps une injustice d'en faire le partage exclusif des populations qui ont une industrie manufacturière très-développée, ou des nations qui occupent les contrées occidentales de l'Europe, ou bien encore des peuples qui ont puisé leur culture à la double source de l'enseignement classique et de l'enseignement chrétien. Comme il arrive toujours en pareil cas, cette erreur théorique sur l'origine réelle et l'extension du socialisme entraîne des conséquences graves dans la pratique, soit qu'elle produise un découragement exagéré dans certains esprits, soit qu'au contraire elle incline à l'illusion que ce péril est passager et pourra être écarté facilement.

Il serait long et superflu de rechercher dans les civilisations antiques les traces du socialisme ; elles y sont trop apparentes pour échapper à l'attention de tout homme qui a étudié l'antiquité. Chez les Hébreux, le partage des terres à des intervalles périodiques, — chez les Romains, les perpétuelles discussions sur les lois agraires, les incessantes abolitions et réductions des dettes, mille autres faits de l'enfance agitée de ces so-ciétés portent l'empreinte évidente de l'esprit de jalousie et de haine qui animait les classes infé-rieures contre les classes plus fortunées. Ce qui est moins connu et mérite d'être signalé, c'est que ces aspirations égalitaires, ces projets chimé-riques de reconstitution de l'édifice social, se sont rencontrés de tout temps et se rencontrent en-core, sous une apparence et des formules bien connues de chacun de nous, dans les civilisations de l'extrême Orient, qui semblent n'avoir de com-mun avec les peuples occidentaux que le fond immuable de la nature humaine.

La Chine a été tout autant que l'Europe trou-blée par ces mouvements intérieurs. Dès le IIe siè-cle de notre ère, à la fin de la dynastie des Han, une conspiration dangereuse, qui provenait d'un mouvement non pas politique, mais social, mit en péril l'ordre public. Au XIe siècle, sous les Song, un grand réformateur, Onang-ngan-ché, essaya d'appliquer un système où la propriété collective du sol aurait appartenu à l'État, qui au-rait distribué les semences, réparti les différentes cultures, fixé les tarifs et les salaires et supprimé, si c'eût été possible, la misère et le prolétariat. Ces doctrines, réprimées par la force dans leurs manifestations extérieures, se sont réfugiées aujourd'hui dans les sociétés secrètes. M. L.-M. de Carné, dans le récit de son expédition du Mékong, nous a fait la peinture d'une de ces sectes qui semblent dévouées à la propagande des idées socialistes, la secte des *pé-lien-kiao* ou nénufars blancs [1].

L'existence et l'intensité du socialisme dans ces civilisations de l'Orient, d'ailleurs si riches, si laborieuses, si prospères et, sous beaucoup de rapports, si avancées, nous sont attestées par des documents nombreux et d'une grande portée. Il y a dix ans, la frégate autrichienne *la Novara*, portant à son bord des savants, parmi lesquels des économistes et des statisticiens, fit un grand voyage de circumnavigation, et toucha à toutes les principales stations commerciales du monde, recueillant partout les renseignements les plus authentiques et les plus circonstanciés sur la situation intérieure des pays qu'elle abordait. M. de Scherzer, qui faisait partie de cette expédition, et qui en a raconté les péripéties et les résultats dans plusieurs intéressants ouvrages [2], a con-

---

1. Voyez la *Revue des Deux Mondes* du 15 janvier 1870.
2. *Reise der œsterreichischen Fregatte Novara um die Erde.* — Statistich-commerzielle Ergebnisse einer Reise um die Erde, 1867.

staté à Singapoure l'existence d'un grand nombre de sociétés secrètes parmi les Chinois, qui forment l'élément le plus considérable et le plus riche de cette florissante cité. Il est parvenu à se procurer le diplôme d'associé de l'une de ces sociétés qui s'appelle *Tinté-huy* ou la *ligue fraternelle du ciel et de la terre*. Les passages les plus marquants du symbole inscrit sur ce diplôme ont été traduits par un éminent sinologue, M. Neumann. Ils valent vraiment la peine d'être reproduits, tant ils se rapprochent, par le tour général des idées et même par le ton et la forme, des manifestes analogues que nos réunions ouvrières ont publiés dans ces derniers temps. « La *société fraternelle du ciel et de la terre*, est-il dit dans ce symbole socialiste chinois, déclare hautement qu'elle se croit appelée par l'Être suprême à faire disparaître le déplorable contraste qui existe entre la richesse et la pauvreté. Les puissants de ce monde naissent et meurent comme leurs frères malheureux, les opprimés et les pauvres. L'Être suprême n'a pas voulu que des millions d'hommes fussent condamnés à être les esclaves d'un petit nombre. Jamais le ciel, qui est le père, et la terre, qui est la mère, n'ont donné à quelques milliers de privilégiés le droit de dévorer, pour satisfaire leur orgueil, la subsistance de tant de millions de leurs frères. D'où vient la richesse des puissants? Uniquement du travail et des sueurs de la multitude. Le soleil et ses doux rayons, la terre et ses inépuisables richesses, le monde et ses joies, tout cela est un bien commun qu'il faut enlever à la jouissance exclusive de quelques-uns pour que tous les déshérités en aient leur part. Enfin un jour viendra où la souffrance et l'oppression cesseront. Pour qu'il arrive, il faut s'unir et poursuivre sa tâche avec courage et vigueur. L'œuvre est difficile et grande; mais, que l'on y songe, il n'y a pas de victoire, pas de délivrance, sans lutte et sans combat. Des soulèvements intempestifs nuiraient à nos projets. Quand la grande majorité des habitants des villes et des provinces aura prêté serment à l'union fraternelle, la vieille société tombera en poudre, et l'on bâtira l'ordre nouveau sur les ruines de l'ancien. Les générations heureuses de l'avenir viendront bénir les tombeaux de ceux à qui elles devront le bienfait d'être délivrées des chaînes et des misères des sociétés corrompues. »

Ces sociétés secrètes s'étendent dans tout l'Orient. Dans les possessions anglaises, où le gouvernement leur laisse toute liberté, elles se livrent à une propagande pacifique; dans les îles de la Sonde, au contraire, où l'administration hollandaise croit devoir se montrer rigoureuse, elles ont souvent recours à l'assassinat politique. C'est un fait non-seulement curieux, mais grave, que de voir les idées socialistes répandues à l'extrême Orient parmi ces populations chinoises qui ont à un si haut degré l'esprit de travail, d'industrie et d'épargne, et qui d'ailleurs, disputant aux Européens les contrées non encore peuplées de l'Océanie et de l'Amérique elle-même, partagent avec nous la domination du monde entier. Rien ne saurait mieux démontrer l'erreur considérable de ceux qui regardent les idées socialistes comme un phénomène passager et local, qu'il serait facile de détruire par quelques réformes dans l'enseignement public, ou par quelques améliorations de détail dans l'organisation de l'industrie.

Si le socialisme est un fait permanent, universel, un ferment qui se retrouve au fond de toute civilisation humaine, il n'en est pas moins vrai que les circonstances diverses du milieu social en favorisent ou en entravent le développement. Quelles sont donc les causes qui ont contribué à lui donner, de nos jours et sur notre terre d'Europe, une vigueur aussi subite et aussi alarmante?

Il faut se garder d'une observation superficielle qui ne présente qu'une face du problème et par conséquent le dénature. Quelques publicistes, d'ailleurs distingués, n'ont voulu voir dans les dernières manifestations ouvrières qu'une « saturnale intellectuelle » et un « carnaval révolutionnaire. » D'autres les attribuent uniquement « aux sollicitations troubles des intérêts égoïstes prompts à prendre leurs désirs pour des réalités et leurs passions pour des vérités, » et se bornent à flétrir les « imaginations excitées par toutes les convoitises. » C'est une opinion généralement admise que les deux seules causes du socialisme sont l'ignorance et l'égoïsme, qui, de tout temps ont entraîné les hommes à substituer leurs propres œuvres à celles de la nature. Il y a sans doute dans ces explications une très-large part de vérité; mais, pour découvrir les sources réelles de la crise qui préoccupe à si bon droit la société entière, il faut une analyse plus profonde et plus minutieuse.

Tout se tient dans l'esprit et dans l'âme humaine, et l'on ne peut séparer les idées et les tendances sociales de l'ensemble des croyances d'un peuple.

Il est impossible qu'un observateur sérieux ne découvre pas le lien qui rattache dans l'esprit de nos populations ouvrières la question sociale à la question religieuse. C'est le mérite principal d'un livre aussi instructif qu'attachant, écrit par un ancien ouvrier qui joua en 1848 un rôle parlementaire [1], d'avoir mis dans la lumière la plus vive cette face jusque-là obscure de la crise sociale que nous traversons. Il n'est assurément pas téméraire d'affirmer que dans une grande partie de nos populations ouvrières a disparu non-seulement toute adhésion à une religion positive, mais encore toute croyance, même vague et indécise, à la permanence de la personnalité humaine et à l'existence d'une autre vie. M. Corbon, qui plus que tout autre connaît les classes laborieuses pour en avoir fait partie, nous donne sur ce point les renseignements les plus catégoriques. Parlant de la vie future, « tout ce qui avait autrefois germé en ce sens dans l'âme populaire a été presque complétement étouffé, dit-il, par un prodigieux développement d'aspirations ayant pour objet exclusif les choses de ce monde. » La psychologie,

______

1. Corbon, *le Secret du peuple de Paris.* Voyez spécialem nt la quatrième partie intitulée *la Religion du peuple.*

même la plus superficielle, nous apprend qu'un tel état de l'âme populaire doit être gros de conséquences périlleuses. Il y a dans l'homme un instinct indomptable qui le pousse à se former un idéal de parfaite justice et de complet bonheur. Au milieu des inquiétudes, des épreuves et des abaissements de la vie journalière, c'est un besoin impérieux que de se représenter dans l'avenir un monde où l'équité, la dignité et le repos ne seront jamais troublés. Cette irrésistible puissance de l'élément mystique, qui ne disparaît jamais, détournée de la contemplation des choses d'une autre vie, se porte avec violence vers une société terrestre idéale.

A défaut des images et des souvenirs religieux, les rêveries socialistes viennent hanter le cœur de nos populations ouvrières. « L'espérance de la *terrestre rédemption* morale, intellectuelle et physique du genre humain [1] » devient la croyance dominante, le refuge habituel où s'élance l'âme, froissée par les misères et les déceptions de la vie réelle. Dans les premiers temps du christianisme, un grand nombre d'esprits généreux attendaient dans un lointain avenir la for-

1. Corbon, *le Secret du peuple de Paris*, p. 311.

mation d'une société plus parfaite où les principes de l'Évangile seraient appliqués selon la lettre et l'esprit. C'est ce qu'on appelait le *millenium*. Cette molle idée du paradis sur terre revit aujourd'hui pour nos classes laborieuses ; mais le peuple ne peut concevoir un idéal social sans user de toutes ses forces pour l'atteindre et en faire une réalité. Les rêveries se changent bientôt en tentatives.

Quelles puissantes racines ces aspirations ont poussées dans les imaginations et dans les cœurs, bien des passages extraits de nos poëtes nous le disent mieux que toutes les dissertations philosophiques. « O peuples des siècles futurs, s'écrie Alfred de Musset dans la *Confession d'un enfant du siècle*, ô peuples des siècles futurs, lorsque, par une chaude journée d'été, vous serez courbés sur vos charrues dans les vertes campagnes de la patrie, lorsque, essuyant sur vos fronts tranquilles le saint baptême de la sueur, vous promènerez vos regards sur votre horizon immense, *où il n'y aura pas un épi plus haut que l'autre dans la moisson humaine d'hommes libres*, quand vous remercierez Dieu d'être nés pour cette récolte, pensez à nous qui ne serons plus... » Il ne faudrait pas feuilleter longtemps les œuvres d'Henri Heine pour y découvrir nombre de passages empreints du même esprit et de la même inspiration.

Ce caractère, pour ainsi dire religieux des croyances socialistes, se manifeste de la manière la plus évidente dans certaines réunions ouvrières. Tous ceux qui ont souvent assisté, non aux discussions de la Redoute et du Pré-aux-Clercs, où la petite bourgeoisie dominait, mais aux séances de Belleville, et qui y sont entrés avec un esprit d'observation sérieuse, ont été vivement affectés par la composition et le recueillement de l'auditoire. Trois mille personnes, parmi lesquelles beaucoup de femmes avec de tout jeunes enfants sur les bras, cette foule réunie dans un même sentiment de fraternité et d'espérances, ce calme plein de sérénité, tout cet aspect extérieur démontre combien le socialisme s'est emparé des imaginations et des cœurs parmi les classes laborieuses. Ce n'est pas là un club, ce n'est pas une salle de conférences ou de discussions ; c'est presque un temple où se fonde une église nouvelle, où se prêche une révélation, où s'annonce *une rédemption terrestre.*

Dès les premiers jours de notre grande révolution, le socialisme fit son entrée sur la scène. Dès lors aussi il se mit à accumuler contre la société nouvelle des griefs et des ressentiments qui, longtemps contenus, finirent par faire explosion. Notre grande réforme de la fin du dix-huitième siècle fut, à son origine, l'œuvre de la seule bourgeoisie. Dans les assemblées primaires réunies pour la convocation des états généraux, les ouvriers, les simples artisans, ne trouvèrent aucune place. Les gradués, les titulaires de lettres de maîtrise, les contribuables payant un certain cens, purent seuls faire entendre leurs vœux. Les rancunes populaires ne tardèrent pas à se manifester. « Pourquoi, dit un pamphlétaire parisien, faut-il que 150,000 individus utiles à leurs concitoyens soient repoussés de leurs bras? Pourquoi nous oublier, nous, pauvres artisans, sans lesquels nos frères éprouveraient des besoins que nos corps infatigables satisfont et préviennent chaque jour? » Un autre rédige, — le mot est significatif et il est resté en faveur chez les ouvriers, — le *Cahier du quatrième ordre*. Un document plus lugubre et plus sinistre, ce sont les *Quatre cris d'un patriote;* là se manifeste pour la première fois, croyons-nous, mais avec une sauvage énergie, ce dédain des institutions libérales et du régime parlementaire qui est devenu un des articles du code socialiste moderne. « Que servira une constitu-

2.

tion sage à un peuple de squelettes qu'aura dé-
charnés la faim? Il faut vite ouvrir les ateliers,
fixer une paye aux ouvriers, forcer le riche à employer les bras de ses concitoyens que son luxe
dévore, nourrir le peuple, garantir les propriétaires de l'insurrection terrible et peu éloignée de
20 millions d'indigents sans propriété. » Plus explicite encore est le *Cahier des pauvres*, où sont
exprimées en termes précis les principales exigences populaires : « 1° que les salaires ne soient
plus aussi froidement calculés d'après les maximes
meurtrières d'un luxe effréné ou d'une cupidité
insatiable ; 2° que la conservation de l'homme laborieux et utile ne soit pas pour la constitution
un objet moins sacré que la propriété du riche ;
3° qu'aucun homme laborieux ne puisse être in-
certain de son existence dans toute l'étendue de
l'empire. »

C'est en l'année 1789, alors que notre révolution était encore immaculée, que se manifestaient
avec cette netteté les vœux ou les commandements
populaires ; mais les temps n'étaient pas venus
où ces voix isolées pourraient trouver un immense
écho. Il en est résulté une impression qui est encore profondément gravée dans l'esprit de nos
populations ouvrières, c'est que notre grande ré-

volution avait été faite sans elles et presque contre elles. Aussi reprennent-elles avec prédilection les formules les plus célèbres de ces temps héroïques pour en revendiquer une application radicale à leur profit exclusif. Elles réclament l'avénement et la prédominance du *quatrième état*, et, transformant le mot de Sieyès, un orateur des derniers congrès ouvriers s'écriait : « Qu'est-ce que le travailleur? Rien. Que doit-il être? Tout. »

Ces idées et ces tendances devaient fermenter pendant un demi-siècle avant de trouver un milieu propice pour faire explosion au grand jour. Pendant les vingt-cinq années de la première république et de l'empire, les esprits étaient trop passionnés par cette grande épopée guerrière, à laquelle s'attachait l'âme entière de la France, pour que les intérêts et les jalousies de classes pussent exciter l'attention publique. Dans les trente années de régime constitutionnel qui suivirent, l'état de l'industrie et les traditions encore subsistantes parmi les populations ouvrières ne permettaient pas, ainsi que nous allons en donner la preuve, que le socialisme pût se constituer à l'état de puissance redoutable. Ce furent alors les classes moyennes et bourgeoises qui se chargèrent de la propagation des idées subversives, et qui eurent le privilége d'émettre tous ces systèmes de palingénésie morale, créations éphémères d'une imagination généreuse, mais maladive. La littérature, la science, l'éloquence même de ce temps, sont saturées de tendances socialistes, qui parfois s'accusent de propos délibéré, parfois existent à l'état inconscient. La plupart des publicistes qui, à cette époque, se sont occupés des questions ouvrières se sont laissé entraîner à des projets autoritaires ou à des plans de constitution artificielle de l'industrie. Sans parler des réformateurs et des faiseurs de systèmes, les écrivains conservateurs, Sismondi, MM. de Villeneuve-Bargemont et de Lafarelle, versèrent souvent dans cette ornière, et l'on put entendre un savant illustre, revêtu de fonctions officielles, déclarer à la Chambre « qu'il y avait nécessité d'organiser le travail [1]. »

C'est seulement de notre temps que toutes ces semences ont commencé à lever. Grâce à des conditions extérieures plus favorables, à une atmosphère ambiante plus propice, après avoir germé péniblement durant de longues années, elles se dressent et se propagent avec une force qui

---

1. Discours d'Arago en mai 1840 ; voyez le *Moniteur* de 1840, p. 1080 et 1081.

menace de tout étouffer. La situation des classes ouvrières et la constitution de l'industrie se sont modifiées dans un sens qui facilite notablement les progrès du socialisme. L'importance de ces transformations n'a pas été suffisamment étudiée ; il est nécessaire de la mettre en lumière.

Nos populations ouvrières, pendant la première partie de ce siècle, étaient loin de présenter une masse homogène empreinte de sentiments de fraternité. Elles étaient encore divisées en un grand nombre de petites sociétés rivales que pénétrait l'esprit de coterie et de jalousie mutuelle. La révolution avait supprimé les corporations, mais elle avait laissé subsister le compagnonnage, c'est-à-dire que les maîtres n'étaient plus groupés ni solidaires, tandis que les ouvriers restaient constitués en différents corps. Quelques-uns des cahiers de 1789 avaient émis le vœu « que les assemblées illicites des compagnons et les assemblées connues sous le nom de *devoirs* et de *gavots* fussent défendues, que les règlements faits sur cet objet pour Paris fussent étendus à tout le royaume. » Ce vœu provenait des patrons ; les ouvriers restaient fidèles à leur compagnonnage. Il y avait les compagnons du *devoir*, les compagnons de *liberté* et beaucoup d'autres encore ;

enfin au-dessous des compagnons il y avait les *aspirants*. Toutes ces catégories d'ouvriers se montraient fières à l'endroit les unes des autres et pleines de dédain pour les degrés inférieurs. L'esprit d'exclusion régnait dans toute sa force et ne s'éteignit guère qu'en 1848.

Les rixes étaient fréquentes et graves entre ces coteries jalouses et rivales. En 1816, il y eut près de Lunel, entre les tailleurs de pierre de deux confréries, une rixe dans laquelle plusieurs hommes furent tués; en 1823, les aspirants menuisiers se soulevèrent contre les compagnons; une nouvelle révolte du même genre se produisit en 1830. En 1825, il y avait à Nantes entre gavots et forgerons un combat qui entraîna mort d'homme. La même année, un événement analogue, avec des suites encore plus graves, se passait à Bordeaux. En 1827, à Blois, les *drilles* attaquaient les *gavots*, et plusieurs restaient sur le terrain. Les mœurs et les chants populaires étaient d'une révoltante sauvagerie. Ces dissensions intestines durèrent jusqu'à la fin du règne de Louis-Philippe. A Lyon, un charpentier du père Soubise tue un tanneur de maître Jacques, et par représailles un forgeron de maître Jacques tue un charron. En 1842, deux corps de charpentiers au

nombre de plusieurs centaines d'hommes, sont
aux prises à Maisons-Laffitte, et l'intervention de
la troupe est nécessaire pour les séparer. Dans le
même temps, des luttes analogues entre compagnons de différentes confréries ensanglantent les
villes de Sens et d'Auxerre. Les compagnons des
divers métiers refusent de reconnaître les boulangers pour frères, parce qu'ils ne se servent ni de
l'équerre ni du compas. Les boulangers de Nantes,
voulant en 1845 célébrer la Saint-Honoré, se pa-
rent de cannes et de rubans, les insignes du compagnonnage ; mais ils sont violemment attaqués
par les autres ouvriers, qui les considèrent comme
des intrus. Le maire est obligé d'appeler un ren-
fort de troupes pour rétablir l'ordre [1]. En 1848,
on voyait les ouvriers de Montmartre demander
au gouvernement provisoire qu'il fût interdit aux
ouvriers de Paris de venir dans leur commune
leur faire concurrence ; les membres des *trades
unions* anglaises émirent aussi la prétention d'exclure les produits et les ouvriers des districts
voisins.

---

1. Voyez sur ces querelles entre confréries différentes :
M. Levasseur, *Histoire des classes ouvrières depuis* 1789, t. Ier,
p. 483-85, et t. II, p. 160-63. — Sur l'organisation intérieure
du compagnonnage, voyez M. Le Play, *les Ouvriers des deux
mondes*, t. Ier, p. 54 et suiv.

Ainsi les populations ouvrières des villes manquaient alors presque complétement d'homogénéité, il n'y avait pas entre elles de communauté de sentiments ou d'aspirations ; la solidarité, dont on parle tant de nos jours, n'avait pas encore réuni dans un faisceau commun ces masses populaires. C'est assez dire que le socialisme avait peu de prise sur elles ; elles n'étaient pas fondues en un seul bloc formé de molécules fortement liées les unes aux autres. Il était réservé à la révolution de 1848 de dissoudre définitivement tous ces petits groupes, pour constituer la grande famille ouvrière dont l'union seule fait la puissance.

Avant 1848, l'industrie manufacturière était peu développée ; il y avait de grands industriels, mais il n'y avait guère de grandes usines. Les industries des tissus, sauf pour la filature, étaient sous le régime du travail à domicile. Le dévidage, le bobinage, le tissage, le peignage, la bonneterie, se pratiquaient presque exclusivement dans l'atelier domestique. L'ancien régime nous avait légué un type de grande manufacture dans la fabrique de draps des van Robais à Abbeville. Elle occupait 1,692 ouvriers, et avait des ateliers particuliers pour la charronnerie, la coutellerie, le lavage, l'ourdissage, le tissage et la teinture. Il avait fallu deux siècles pour que ce modèle de vaste établissement se répandît en France et fût dépassé dans ses proportions. Jusqu'à un temps très-rapproché de nous, la population ouvrière occupée dans l'atelier commun était relativement peu nombreuse ; les familles des tisserands, dispersées dans les villages ou les faubourgs des villes, n'ayant entre elles aucun rapport, ne pouvaient s'entendre et se concerter.

Ces ouvriers isolés n'avaient que de rares relations avec le patron ; c'était généralement avec des commis ou facteurs qu'ils traitaient pour recevoir la matière première et rendre l'ouvrage terminé. Cette organisation donnait lieu aux abus les plus graves ; mais ces abus étaient latents. L'ouvrier était souvent indignement exploité par les petits fabricants ou par les intermédiaires et commis. Dans le tissage, l'on augmentait indéfiniment la longueur des chaînes que l'on remettait au tisserand des campagnes, et on le payait comme si la chaîne avait eu la longueur invariable indiquée par un ancien usage, tombé en oubli depuis longtemps. Les choses allaient de même pour le bobinage : les poignées de fil que l'on confiait aux bobineuses, et qui autrefois se composaient d'une quantité fixe de matière, avaient été peu à peu démesurément grossies sans que la rémunération fût augmentée [1].

Ces abus, trop réels et trop bien constatés, amenèrent la loi de 1850 sur le tissage et le bobinage. L'ouvrier était encore pour les malfaçons à la merci des commis et des intermédiaires, et il avait à supporter bien des humiliations et des préjudices souvent peu mérités. Il en était résulté dans ces populations ouvrières disséminées une accumulation de rancunes et de haines qui couvait dans la solitude et le silence des chaumières.

Aujourd'hui, sur tous les points de la France, la constitution de l'industrie est presque complétement changée. Le tissage du coton, puis celui du lin et de la laine, plus récemment celui de la soie, se sont transportés dans les manufactures ; les opérations du dévidage et du bobinage s'exécutent aussi dans l'atelier commun par des procédés automatiques ; les peigneuses mécaniques Heillmann et Hubner ont encore contribué à multiplier et à agrandir les usines ; les métiers circulaires mécaniques pour la bonneterie ont compromis et réduit dans cette branche le tra-

---

1. Voyez M. Audiganne, *les Ouvriers en famille*, p. 103.

vail domestique. Ainsi la grande industrie, depuis vingt ans surtout, n'a cessé d'aspirer dans le sein de la manufacture tous ces travailleurs disséminés naguère dans les campagnes ou les faubourgs des villes. Ils ont apporté pour la plupart des ressentiments et des rancunes qu'a bientôt rendus dangereux la conscience de leur nombre et de leur force.

Les métiers des villes n'ont pas tardé aussi à être atteints dans leur organisation primitive et à subir la contagion de la grande industrie et de la mécanique. Les cordonniers, les tailleurs, les selliers, les chapeliers, bien d'autres ouvriers façonniers ou petits patrons, ont vu se modifier leur existence et leur situation. C'est immédiatement après la révolution de 1830 que l'industrie des vêtemens confectionnés fit à Paris son apparition pour prendre bientôt d'énormes proportions. Chose curieuse et digne de remarque, c'est à une coalition de tailleurs qu'est dû cet essor de la confection. Une multitude de petits entrepreneurs en chambre furent sacrifiés par cette transformation importante; du rang de travailleurs indépendants, ils tombèrent au rang de salariés. Bientôt la découverte de la machine à coudre vint accélérer ce mouvement de concentration, et l'on vit se fonder d'immenses ateliers, comme ceux de la maison Godillot, rue Rochechouart, où des machines, marchant à la vapeur et desservies par plusieurs milliers de bras, coupent et cousent les vêtemens, les harnais et les objets d'équipement.

Quelques années plus tard, la mécanique s'appropriait la chaussure par l'invention des semelles rivées ou vissées; c'est en 1844, à Liancourt, que fut fondée la première manufacture de chaussures, et le système est allé se perfectionnant chaque jour et créant des ateliers de plus en plus vastes. Les articles de Paris n'ont pas complétement échappé à cette transformation; il a surgi des usines importantes pour la reliure, pour la fabrication des portefeuilles, des porte-monnaie et de mille autres objets. Le petit commerce aussi, pour les étoffes, la mercerie, la quincaillerie, etc., a été mis en péril par la création des ces magasins immenses qui entassent dans leur sein les produits les plus variés et détruisent autour d'eux la concurrence modeste du commerce inférieur. Ainsi l'ouvrier façonnier, le petit patron, le petit commerçant, sont presque menacés de disparaître; leur nombre, du moins, devient de plus en plus rare, et leur situation de plus en plus mauvaise.

Le public a sans cesse sous les yeux ces transformations radicales, et il en profite; mais il ne réfléchit guère aux conséquences sociales et politiques qu'elles doivent infailliblement amener. Autrefois il y avait entre le petit patron et l'ouvrier une certaine communauté d'habitudes, de culture et de genre de vie. L'un et l'autre travaillaient au même atelier. La fête du patron réunissait souvent à la même table le maître et ses ouvriers. Les mêmes lieux publics, cabarets, promenades, étaient hantés par ceux-ci et par celui-là. Toute la société française était ainsi reliée de l'échelon le plus bas à l'échelon le plus haut par des dégradations insensibles, sans aucune solution frappante de continuité. Aujourd'hui il n'en est plus ainsi : les apparences sont changées plus encore que les réalités ; mais au point de vue social et politique les réalités ont moins de poids que les apparences. Le patron et l'ouvrier sont généralement séparés par l'immense intervalle de la fortune, de l'éducation, des relations sociales. Autrefois l'ouvrier laborieux et rangé devenait aisément patron. Il serait injuste de dire que les travailleurs ne peuvent pas s'élever dans notre société actuelle, bien des faits démentiraient une pareille assertion ; le mouvement ascendant est tout aussi fréquent, et il est problement plus aisé qu'autrefois. Il s'opère toutefois sous une forme nouvelle : l'ouvrier qui travaille, qui épargne et qui sait, devient contre-maître, puis directeur d'atelier, quelquefois associé ou même gérant de l'entreprise ; mais en montant ainsi sur l'échelle sociale il prend d'autres habitudes, d'autres mœurs, une autre culture, et se distingue davantage de la masse ouvrière dont il s'est désagrégé.

La transformation de l'industrie s'est accentuée de plus en plus, la concentration de la production s'accélère chaque jour. Les établissements de second ordre se fusionnent souvent pour former un établissement de premier ordre. A la fin du règne de Louis-Philippe, l'on a vu naître ces fusions. On comptait autrefois soixante-cinq concessions de mines de houille dans la Loire ; en 1837, elles s'unirent pour la plupart et formèrent trois grandes compagnies ; en 1845, ces trois grandes compagnies s'étaient fondues en une seule, qui fut appelée *Société générale des mines réunies*, et qui afferma le canal de Givors, ainsi que le chemin de fer de Saint-Étienne à

Lyon. Des unions analogues s'opérèrent dans toutes les parties de la France. En 1857, les deux grandes manufactures de glaces de Saint-Gobain et de Cirey se fondirent l'une avec l'autre.

On ne peut s'opposer assurément à cette concentration de la grande industrie, c'est le seul moyen de produire mieux et à meilleur marché et de soutenir la concurrence des nations étrangères. Cependant au point de vue social ces modifications nécessaires ont de dangereuses conséquences. Une très-grande partie de nos usines est actuellement sous le régime des sociétés anonymes ou en commandite : c'est le cas habituel pour les établissements métallurgiques ; quelques filatures de l'est et du nord se constituent sous le même système. Ainsi des populations énormes d'ouvriers, qui se montent quelquefois à 4,000 ou 5,000 têtes dans les grandes usines pour les industries textiles, et qui atteignent parfois le chiffre de 10,000 dans l'industrie du fer, se trouvent en présence d'une compagnie d'actionnaires et d'un gérant. L'intelligence de l'ouvrier n'est pas assez développée pour qu'il considère avec quelque respect les compagnies, ces corps abstraits qui lui paraissent de machiavéliques combinaisons. Il a lu les ardentes déclamations de Proudhon contre la commandite ; peut-être aussi a-t-il parcouru les invectives non moins violentes de Balzac. Le théâtre, le roman, lui enseignent que ces grandes compagnies sont des instruments de fraude ou d'agiotage ; car, il ne faut point l'oublier, notre littérature, surtout la littérature populaire, est profondément imprégnée de socialisme. L'ouvrier croit d'autant mieux ces suggestions, qui caressent ses préjugés, que de temps à autre nos tribunaux ont à réprimer quelques déplorables affaires de rouerie financière. Ainsi nos populations laborieuses, qui auraient encore quelque respect pour un patron dont elles apprécieraient la vigilance et l'activité, se persuadent facilement qu'une compagnie d'actionnaires est composée de dupes ou d'oisifs, méprisables pour leur cupidité, et qu'un gérant est un aventurier sans scrupules que son intelligence, ses relations et sa réussite mettent au-dessus des lois. C'est ainsi que l'on arrive à calomnier et à haïr le capital, cette puissance naturellement bienfaisante qui répand l'aisance sur ceux qu'elle emploie.

Un autre effet de cette concentration de la production, c'est l'essor pris par des villes qui ne vivent absolument que de l'industrie. Il y a dans

l'est, le nord et le centre de la France des agglomérations considérables qui se sont formées autour de quelques grands établissements. Dans ces
localités, la classe bourgeoise est pour ainsi dire
absente; il n'y a ni tribunaux, ni fonctionnaires,
ni riches propriétaires, ni vieilles familles aisées
qui aient acquis par une honnêteté et un labeur
séculaires une autorité incontestée sur les populations. Des milliers d'ouvriers, quelques centaines
de petits débitants aux habitudes souvent peu re-
commandables, les employés et les directeurs des
usines, voilà tout ce que comprennent ces villes
nouvelles. Il n'y a donc là ni influences locales, ni
traditions bienfaisantes, rien, en un mot, qui
tempère et adoucisse l'élément populaire. Quoi
d'étonnant que de pareilles conditions favorisent
l'essor du socialisme? Ces milliers d'ouvriers, qui
se trouvent ainsi réunis sans direction, sans l'appui ou le frottement de la classe bourgeoise honnête, flottent au gré de toutes les passions. On
leur parle de la féodalité industrielle, et quand ils
ne voient autour d'eux aucune existence intermédiaire et indépendante entre le salarié et la compagnie ou le patron qui dirige l'usine, — qui
souvent possède toutes les maisons et tout le sol
dans un rayon étendn, — comment ne prêteraient-

ils pas l'oreille à des calomnies qui semblent justifiées par les apparences ?

Dans les villes plus anciennes et plus grandes, où tous les éléments de la société sont réunis, les conditions depuis quelques années sont devenues presque aussi défavorables aux intérêts de l'ordre et des saines doctrines. Autrefois à Paris, ouvriers et bourgeois étaient mêlés, ils habitaient les mêmes quartiers, souvent les mêmes maisons ; ils se croisaient dans le même escalier, l'un se rendant au premier étage, l'autre à la mansarde ; ils vivaient ainsi côte à côte dans des relations de mutuelle courtoisie et de franchise réciproque. Aujourd'hui il y a la ville du luxe et la ville du travail.

L'expérience nous apprend qu'assigner à une classe de la population un quartier qui lui soit propre, c'est une mesure irritante, c'est un stimulant de désordre, c'est presque toujours une marque de mépris, comme l'était l'existence des quartiers des Juifs dans les villes du moyen âge. Écoutons sur ce point un publiciste ouvrier. « Le peuple n'aime pas qu'on le parque. Il en voit l'intention même lorsqu'elle n'existe peut-être pas, et cela lui laisse une impression fâcheuse. Qu'on songe bien d'ailleurs à ceci : le contraste est incomparablement moins sensible à l'ouvrier incessamment mêlé à la bourgeoisie qu'à l'ouvrier systématiquement tenu à distance d'elle. Il vaut mieux qu'il demeure dans la maison du bourgeois que de demeurer dans la cité ouvrière. Il sera beaucoup moins accessible aux mauvaises pensées, même en passant devant l'appartement du riche pour monter à son humble demeure, qu'en occupant un logement propret dans une cité peuplée exclusivement des gens de sa classe. Qui ne comprend pas cela n'entend vraiment rien aux choses humaines. On peut n'avoir pas songé tout d'abord à ces graves inconvénients ; mais la réflexion ne peut manquer de leur donner tout leur éloquent relief. Les cités ouvrières n'ont pas réussi heureusement ; mais la transformation de Paris ayant fait refluer forcément la population laborieuse du centre vers les extrémités, on a fait de la capitale deux villes : une riche, une pauvre, celle-ci entourant l'autre. »

Ainsi plus nous allons, plus nous voyons que la population ouvrière se sépare et se distingue de la population bourgeoise ; il y a entre elles des barrières matérielles de même que des barrières morales, et, pour n'être pas infranchissables, ces barrières n'en choquent pas moins ceux qui croient en souffrir. La révolution de 1789 avait effacé en réalité les distinctions de classes ; mais les mœurs et les nécessités de l'industrie en ont ressuscité l'apparence.

Nos législateurs ont fait cependant bien des efforts pour établir entre les ouvriers et les bourgeois une complète égalité civile et industrielle, et l'on peut dire qu'actuellement il ne subsiste plus aucune trace importante des mesures de précaution, de surveillance et de tutelle que l'ancien régime et le consulat avaient instituées à l'encontre des populations laborieuses. La loi qui défendait les coalitions d'ouvriers a été abolie, l'obligation du livret a été supprimée, l'article 1781, portant que le maître serait cru sur sa parole dans toute contestation relative aux salaires, a disparu de notre Code, on s'est ingénié à faire des lois qui permissent aux ouvriers de constituer des sociétés commerciales. Il est difficile de dire qu'il y ait dans la législation française une différence sensible entre le travailleur salarié et les autres citoyens. Il en est presque de même en Angleterre, où les associations ouvrières nommées *trades unions*, quels que soient les périls qu'elles comportent et les méfaits qu'elles aient commis, viennent d'être reconnues par un bill récent comme personnes légales.

Les droits politiques aussi ont été largement octroyés aux ouvriers. En Angleterre, le suffrage descend de plus en plus dans les couches inférieures de la population ; en France, le vote universel permet aux ouvriers de peser d'un grand poids dans les destinées du pays. Il s'en faut néanmoins que ces réformes donnent toute satisfaction aux vœux populaires ; nos populations ouvrières en ont retiré seulement un sentiment exagéré de leur force. Ce qui devait être un moyen d'apaisement n'a été dans bien des cas qu'un stimulant à des exigences peu légitimes. La conscience et l'intelligence du peuple ne sont pas encore assez éclairées ; elles se sont fait parfois du suffrage universel une conception sauvage qui supprime tous les droits individuels et tout respect des minorités. Les améliorations dans les voies de locomotion, les rapprochements entre les classes analogues des différentes nations ont eu aussi leur part dans cette surexcitation. Les expositions universelles ont été l'occasion, si ce n'est la cause, de l'essor d'une catégorie spéciale d'ouvriers dont l'importance est devenue considérable.

Les délégués à l'exposition de Londres ont été les chefs de ligne de cette démocratie ambitieuse et turbulente qui, après avoir parlé à mots couverts, avoue maintenant le dessein arrêté de renverser la société pour la reconstruire sur un autre plan. L'on a vu se constituer un état-major nombreux d'hommes intelligents, actifs, qui ont changé leur position d'ouvriers pour celle de politiques marrons. Ils ont l'instruction superficielle et unilatérale qui plaît aux esprits absolus et qui séduit les ignorants; ils écrivent avec élégance et netteté. Leur parole est toujours facile, au besoin elle est éloquente ; ils ont en outre toutes les qualités du diplomate : — produits curieux d'une époque où l'ambition pénètre et soulève toutes les classes, où une instruction toute de surface aiguise et polit les esprits sans les fortifier. Toutefois l'influence de cette petite aristocratie ouvrière a moins de réalité que d'apparence ; elle ne conserve son crédit qu'à la condition de flatter et de servir les projets et les aspirations populaires.

Or ces aspirations et ces projets sont de plus en plus tournés vers le socialisme; il semble que tout ce qui entoure nos masses ouvrières développe en elles ces instincts dangereux. Il n'est pas jusqu'aux progrès de la science qui ne fournissent des arguments ou du moins des prétextes aux rêveries chimériques d'une partie de nos po-

pulations laborieuses. Ces merveilleuses transformations que le développement des sciences phy-
siques a opérées depuis un demi-siècle sur notre
globe, tous ces changements presque à vue dont
notre génération a été témoin ont fait une profonde impression sur les esprits; il en est résulté
une foi intense dans le progrès indéfini et des
espérances excessives dans l'amélioration de
la destinée humaine. Confondant, — c'est son
habitude, — l'ordre moral avec l'ordre physique,
le peuple, en partie du moins, est arrivé à s'imaginer que la constitution de la société pourrait
subir une métamorphose analogue à celle qu'a
éprouvée la production. Les raisonnements spé-
cieux et les sophismes n'ont pas manqué pour
fortifier ces rêves. L'on a calculé, il y a quelques
années, que la force des chevaux-vapeur employés par l'industrie anglaise représentait le travail de 77 millions d'ouvriers; ne pouvait-on pas
en conclure qu'un jour viendrait où, par le perfectionnement des méthodes et de l'outillage, le
travail de l'homme serait pour ainsi dire superflu
dans la production ?

De ces idées et de ces sentiments est sorti le
socialisme, c'est-à-dire le projet de réédifier la
société sur une base artificielle. Nous avons mon-

tré combien ce délire est naturel et inhérent à toute société humaine ; nous l'avons suivi en outre dans les progrès qu'il a faits en France, nous avons énuméré les circonstances qui ont accru sa force. On a dû voir que le mal a de profondes racines dans l'état de nos mœurs, de nos croyances et de nos relations sociales. Il n'est pas permis de s'abuser sur l'intensité et sur la durée de ce phénomène : ce n'est pas une crise passagère ou locale. Après avoir ainsi recherché et décrit les causes du développement des idées socialistes en France, nous allons étudier ces secousses transitoires appelées grèves, qui ont si profondément ébranlé dans ces derniers temps la sécurité de notre industrie.

II

Certains publicistes ne veulent reconnaître entre les grèves et le socialisme aucune connexité. Sans doute il peut surgir des coalitions d'ouvriers qui ne soient pas systématiquement produites par des inspirations socialistes, et qui au contraire proviennent de causes particulières à telle industrie ou à telle localité ; mais ce ne sont là que des faits exceptionnels. L'on peut dire que, dans la majorité des cas, les grèves se rattachent à des idées beaucoup plus générales, à des visées plus hautes, à des projets plus ambitieux que les griefs allégués ne sembleraient l'indiquer. Quand elles n'ont pas pour cause une inspiration socialiste, les coalitions ont souvent une démonstration socialiste pour effet. Le socialisme est donc ordinairement, soit le point de départ, soit le point d'arrivée.

Nous n'en voulons pour preuve qu'une coalition qui a fait peu de bruit et qui cependant a une grande signification : c'est celle des ovalistes de Lyon. On appelle ovalistes ou moulinières les ouvrières qui font le tirage des fils de soie composant les cocons, et qui les assemblent et les tordent pour les rendre plus résistants. Cette tâche a toujours été assez misérablement payée ; pour un travail continu de douze heures, ces pauvres femmes recevaient 1 fr. 50 ou 1 fr. 60 par jour, rémunération souvent réduite par des chômages forcés. Elles se mirent en grève et réclamèrent une diminution de deux heures de travail et un salaire journalier de 2 francs. Elles pouvaient compter sur la sympathie générale, et si l'état de l'industrie l'eût permis, si la concurrence des ouvrières de la Lombardie n'eût pas été trop à craindre, elles auraient obtenu l'objet de leur demande. Déjà les patrons consentaient à la réduction de la journée; mais, au lieu de conserver le calme qui pouvait seul leur concilier l'appui efficace de l'opinion, les ovalistes rédigèrent un manifeste communiste où elles se qualifiaient de citoyennes et faisaient appel aux patriotes de tous les pays; enfin elles envoyèrent au congrès de Bâle un délégué chargé d'exposer et de défendre leurs aspirations *collectivistes*. On voit que les mouvements ouvriers de notre temps aboutissent presque fatalement à une déclaration de socialisme. Il y a en effet, dans l'ordre moral comme dans l'ordre physique, une sorte de loi d'attraction en vertu de laquelle les groupes les moins nombreux et les idées les moins radicales sont violemment attirés par les masses les plus considérables et les idées les plus absolues. Tous les petits courants isolés finissent ainsi par tomber dans cette mer profonde du socialisme.

Il a fallu beaucoup de temps à l'humanité pour reconnaître et respecter l'existence des lois naturelles qui régissent le monde moral comme le monde physique. L'on a cru pendant des siècles que le taux du salaire était quelque chose d'arbitraire que la contrainte pouvait élever ou abaisser selon les fantaisies du plus fort. Il faut bien convenir que, dans les siècles passés, c'est au nom des patrons et pour déprimer la rémunération de l'ouvrier que la force fut le plus souvent employée. En Angleterre, de même qu'en France, les magistrats et la loi intervinrent fréquemment pour déterminer un maximum des salaires. C'était là une véritable exploitation que l'ignorance du temps pouvait seule excuser. Après la peste de 1348 notamment, le parlement de Londres établit un maximum pour la rémunération journalière du travailleur, et l'habitude de ces tarifs autoritaires se continua jusqu'au dix-septième siècle. L'histoire de Macaulay apprend qu'en l'année 1685 les juges de paix du comté de Warwick, se conformant à un acte d'Elisabeth, établirent un tarif des salaires et déclarèrent passible d'une peine le maître qui donnerait ou l'ouvrier qui recevrait une paye supérieure. Ce maximum des salaires était pour les laboureurs de 4 schillings par semaine de mars à septembre, et de 3 shillings pendant l'autre moitié de l'année. A la fin du dix-septième siècle, ces tarifs cessèrent d'être appliqués et même d'être édictés. Alors la population ouvrière s'était considérablement augmentée, et elle ne se fit pas faute de recourir aux coalitions pour élever sa rémunération.

Nous voyons à cette époque les compagnons toiliers de Caen forcer par des menaces les maîtres d'accroître les salaires. A Darnetal, près de Rouen, en 1697, les compagnons drapiers excluent des ateliers quiconque n'est pas de leur société; ils s'ameutent au nombre de plusieurs milliers parce que les patrons avaient employé des ouvriers étrangers, ils font fermer les fabriques, et malgré l'intervention des autorités de la province ils restent un mois entier sans reprendre leur travail. Vers la même époque, les compagnons maréchaux font des émeutes devant la porte des maîtres pour que leur journée soit mieux payée. Les jurés chapeliers se plaignent que le renvoi d'un ouvrier incapable suffise pour faire mettre l'atelier en interdit par tous les autres ouvriers. A partir de la seconde moitié du dix-huitième siècle, ces querelles deviennent plus fréquentes et plus dangereuses. A Lyon, en 1744, les ouvriers demandent une augmentation d'un sou par aune et se mettent en grève : pendant huit jours, ils sont maîtres de la ville ; le gouvernement dut envoyer des troupes pour rétablir l'ordre. En 1786, nouvelle émeute des ouvriers lyonnais, qui demandent deux sous par aune, arrêtent tous les métiers et parcourent la ville en bandes menaçantes. L'au-

torité locale s'alarme et cède; mais le gouvernement fait occuper militairement les faubourgs de
Vaise, de la Croix-Rousse et de la Guillotière.

Au début de la révolution, les coalitions d'ouvriers se multiplient et inquiètent sérieusement
l'administration. En 1789, les garçons tailleurs, au
nombre de 3,000, se réunissent sur le gazon du
Louvre, et envoient une députation de 20 membres au comité de la ville pour lui demander de
leur garantir en toute saison un salaire de 40
sous par jour. Ce fut bientôt le tour des garçons
perruquiers, qui s'assemblèrent aux Champs-
Elysées dans un dessein pareil. Un officier de la
garde nationale voulut les disperser, il fut désarmé
par ses propres soldats. Dans le même temps, les
ouvriers cordonniers, au nombre de 5 ou 600, se
coalisent, nomment un comité exécutif, et décident d'exclure du royaume quiconque ferait une
paire de souliers au-dessous d'un prix convenu.
Les grèves alors envahissent tous les métiers, im-
primeurs, charpentiers, papetiers, etc. Une pro-
clamation de la municipalité parisienne est obligée de déclarer « nuls, inconstitutionnels et non
obligatoires, les arrêtés pris par les ouvriers de
différentes professions pour s'interdire respecti-
vement, et pour interdire à tous autres ouvriers,

le droit de travailler à d'autres prix que ceux desdits arrêtés. » Les ouvriers papetiers profitent de l'activité des fabriques pour émettre des prétentions exorbitantes : ils frappent d'interdiction certains ateliers, ou exigent des maîtres de fortes sommes pour les relever de l'interdit ; ils excluent ceux de leurs compagnons dont ils sont mécontents, ou leur font payer des amendes.

L'on voit que notre temps n'a pas le mérite d'avoir inventé les grèves : c'est à peine si l'on peut dire qu'il les a perfectionnées ; il les a rendues seulement plus fréquentes, plus générales et plus préjudiciables aux intérêts de tous. Ces guerres industrielles ont existé alors même que la loi les défendait, et elles ont toujours présenté les caractères principaux qu'elles offrent encore actuellement. L'étude des coalitions du règne de Louis-Philippe n'est pas dépourvue d'enseignement à ce point de vue. Déjà sous la Restauration les tribunaux jugeaient tous les ans un ou plusieurs procès de coalition : c'était peu, dira-t-on. L'une de ces grèves cependant avait eu du retentissement : celle des ouvriers charpentiers eu 1822. Ce fut une grève des canuts, en 1831, qui fut l'occasion de cette terrible insurrection de Lyon pendant laquelle les ouvriers régnèrent dix jours en maîtres dans cette grande ville, d'où les troupes avaient été forcées de se retirer momentanément après un échec. Une autre grève des ouvriers en peluche amena les Lyonnais à une nouvelle et sanglante émeute en 1834.

Les autres coalitions entraînèrent de moindres troubles politiques, mais elles eurent d'aussi fâcheux résultats économiques. C'est aux charpentiers qu'appartient à cette époque la palme de l'agitation. Ils étaient organisés en confréries puissantes, qui jouaient à peu près le même rôle que jouent aujourd'hui les *trades unions* en Angleterre. En 1832, au moment où le travail, interrompu par la révolution, reprenait de l'activité, les ouvriers charpentiers mirent en interdit pour cinq ans les ateliers d'un entrepreneur contre lequel ils prétendaient avoir des griefs. Neuf mois après, le même corps d'état formait une coalition générale. En 1841 et 1842, nouvelle agitation chez les travailleurs de la charpente, puis explosion d'une grève immense en 1845 ; elle éclate à la fin de mai, alors que les commandes étaient nombreuses et pressantes ; 7,500 charpentiers, dont le plus grand nombre appartenaient aux confréries du *devoir* ou de la *liberté*, y prirent part ; elle dura trois mois. L'on se doute bien que ces circonstances n'étaient pas propres à « faire aller, comme on dit, le bâtiment. » Aussi les maçons, les serruriers, les menuisiers, qui ne réclamaient pas, durent cependant se croiser les bras. Il en est des guerres industrielles comme des guerres politiques : elles atteignent et blessent les intérêts non-seulement des belligérants, mais encore des neutres eux-mêmes ; à tous, elles apportent la gêne ou la ruine. Les patrons finirent par capituler, et les ouvriers charpentiers eurent gain de cause. Ce fut la plus bruyante affaire de ce genre sous le règne de Louis-Philippe ; mais il y en eut bien d'autres analogues.

Dans la seule année 1840, l'on peut enregistrer les grèves successives des tailleurs, des bottiers, des cordonniers, des menuisiers, des tailleurs de pierre, des ébénistes, des serruriers ; il y eut des rixes sanglantes. La grève des mineurs de Rive-de-Gier, en 1844, eut encore un plus triste dénoûment. Les grévistes usaient de violence contre les dissidents [1]. La troupe intervint et fit prisonniers les plus mutins ; les ouvriers voulurent dé-

1. Voyez *Histoire des classes ouvrières avant 1789*, t. II, et *Histoire des classes ouvrières depuis 1789*, par M. Levasseur, t. Iᵉʳ. Voyez aussi M. Le Play, *les Ouvriers des deux mondes*, t. Iᵉʳ.

livrer leurs camarades, ils attaquèrent les soldats
à coups de pierres; ceux-ci usèrent de leurs armes, et plusieurs mineurs restèrent sans vie sur
la place. On voit que le déplorable et lugubre
événement de la Ricamarie avait eu un précédent
presque dans les mêmes lieux et dans les mêmes
circonstances; mais l'expérience d'une génération est perdue pour une génération suivante.

La Belgique, dans la même période, ne fut pas
davantage à l'abri de ces crises. M. de Molinari
nous apprend que, de 1840 à 1849, il y eut dans
ce pays 435 ouvriers traduits devant les tribunaux
pour délits de coalition; 132 furent acquittés,
293 condamnés à la prison, et 10 à l'amende.
L'Angleterre avait aussi largement sa part de ces
émotions industrielles. M. le comte de Paris nous
a décrit avec poésie ces grévistes anglais choisis-
sant « une nuit obscure pour se réunir sur une
de ces landes tourbeuses, appelées *moors*, qui
couvrent les collines du centre de l'Angleterre.
C'est là qu'on recueillait la souscription pour le
fonds commun, c'est là qu'on préparait la grève
qui devait éclater sans aucune apparence d'entente entre les ouvriers, c'est là qu'on leur distri-
buait des secours lorsqu'ils avaient quitté l'ouvrage; — et avant que le jour vînt éclairer ces

innocents conspirateurs, avant que le cri matinal du *grouse*, seul habitant de ces vastes déserts, vînt attirer le chasseur sur son domaine, les archives de la société étaient soigneusement enterrées, et chacun reprenait le chemin de la cité voisine [1]. » Ainsi, à une époque où la législation punissait sévèrement en France, en Angleterre et en Belgique, le délit de coalition, les grèves n'en éclataient pas moins, fréquentes, tumultueuses, quelquefois sanglantes.

Il est intéressant de pénétrer un peu plus à fond dans ces crises industrielles qu'a déjà enveloppées le voile de l'oubli. Nous y trouverons les procédés qui sont encore en usage de nos jours. Ce sont d'abord les mêmes prétentions et les mêmes demandes : une augmentation de salaires, l'établissement d'une rémunération égale pour les ouvriers, la diminution des heures de travail, la limitation du nombre des apprentis : quelquefois aussi ce sont des susceptibilités blessées, des froissements plus ou moins légitimes, une irritation personnelle contre les patrons ou les directeurs ; mais cette dernière cause est beaucoup moins active et moins générale que de nos jours ;

---

1. *Les Associations ouvrières en Angleterre*, p. 136.

l'amour-propre des ouvriers est moins chatouil-
leux, ils n'ont pas encore ce tempérament ner-
veux, irritable, prompt à s'offenser; ils sont, à ce
point de vue, plus maniables et de meilleure composition.

La grève se déclarait alors comme aujourd'hui
même. Lors de la coalition des charpentiers en
1845, il y a un chef attitré : c'est le secrétaire de
la société des compagnons du *devoir*, fonction-
naire jouissant d'un traitement fixe, qui parlemente pour ses camarades. Lors de la grève de
Lyon en 1834, il y avait parmi les ouvriers de
cette ville deux grandes associations, celle des
mutuellistes et celle des *ferrandiniers*. L'une et
l'autre avaient été fondées en vue de secours mutuels; mais, comme les *trades unions* anglaises,
elles avaient été détournées de leur destination
primitive. Dans l'association des mutuellistes,
l'on mit aux voix la question de savoir si l'on
entrerait en grève; l'affirmative fut adoptée à la
majorité de 1,297 suffrages contre 1,044 : c'était
une bien faible majorité pour avoir d'aussi graves
conséquences, puisque le sang coula ensuite à
flots. Si l'on considère l'intimidation qui préside
toujours à de pareilles résolutions, l'on doit dire
qu'une majorité nominale aussi faible correspond

à une minorité réelle. Les partisans des mesures extrêmes sont en effet toujours plus résolus, plus actifs, plus audacieux; ils ne manquent jamais d'être présents au vote. Les modérés sont plus craintifs, ils restent de préférence chez eux, ou bien ils se laissent entraîner à suivre l'opinion la plus bruyante. C'est là l'histoire de tous les temps et de tous les pays.

La grève, une fois déclarée, suivait son cours avec l'accompagnement ordinaire de violences que l'on voit aujourd'hui; l'on doit même dire en toute impartialité que le langage des grévistes actuels est dans la forme moins rude et moins grossier. Ceux qui autrefois ne voulaient pas se soumettre à l'opinion de la majorité étaient regardés comme des rebelles, des traîtres, des déserteurs devant l'ennemi. Sous le règne de Louis-Philippe, l'on appelait les dissidents « Bourmont » et « Raguse; » l'on allait d'ailleurs beaucoup plus loin que ces injures. En 1831, les ouvriers de Lyon parcouraient les ateliers, entraînant de gré ou de force ceux qui voulaient reprendre leurs travaux, coupant même sur le métier les chaînes des tisserands qui persistaient à travailler. En 1844, à Rive-de-Gier, les mineurs s'emparaient des dissidents, les promenaient dans les rues avec un écriteau sur les épaules et les accablaient de coups. En 1845, après la grève des charpentiers de Paris, les débats judiciaires firent ressortir cette révélation frappante d'un ouvrier opposé à la grève : « On ne nous dit rien maintenant, mais plus tard on nous blessera dans les chantiers, on nous fera tomber des solives sur le dos. »

Les patrons d'ailleurs, quand ils y étaient poussés par l'exaspération, ne se montraient guère moins violents. Les maîtres charpentiers ayant eu une réunion, l'un d'eux proposa de céder aux ouvriers ; il y eut alors un tumulte indicible, il ne s'en fallut guère que ce conseiller malavisé ne fût jeté par la fenêtre. Tel est le caractère déplorable de ces luttes, qui sont presque des guerres sociales ; elles ramènent à la sauvagerie tous ceux qui y prennent part. Voilà quels étaient les procédés en usage dans ces duels industriels ; sont-ils abandonnés aujourd'hui ? A Genève, à Seraing, à la Ricamarie en 1869, la physionomie des grèves était exactement la même que vingt ou trente ans auparavant à Lyon, à Rive-de-Gier ou à Paris.

On ne peut cependant poursuivre jusqu'au bout ce parallèle. Malgré la conformité des apparences, les coalitions actuelles diffèrent singuliè-

rement des précédentes par la gravité des désordres économiques qu'elles entraînent. Nous avons
montré les transformations opérées dans l'outillage
de la grande industrie, dans les voies de locomotion, dans les procédés commerciaux, dans les rapports internationaux. L'influence de ces transformations est immense, elle a complétement changé
la situation relative des patrons et des ouvriers.

C'était autrefois presque un axiome de la
science économique qu'il y avait entre les salariés et les entrepreneurs une inégalité naturelle
de conditions tout à l'avantage des derniers.
La croyance que le capital est en mesure de
faire la loi au travail, c'est-à-dire qu'il a les
moyens de fixer les salaires à son gré et au-dessous du taux qu'exigerait l'équité, cette croyance
est encore de nos jours universellement répandue ;
l'autorité des plus grands noms entretient malheureusement ces préjugés, qui ne sont pas seu-
ement des erreurs scientifiques, mais qui sont
des ferments de discordes et de guerre sociale.
« En tout genre de travail, a dit Turgot, il doit
arriver et il arrive que le salaire de l'ouvrier se
borne à ce qui est nécessaire pour se procurer sa
subsistance. » Enchérissant encore sur cette doctrine, M. John Stuart Mill n'a pas hésité à écrire

cette singulière proposition : « Dans ce pays (l'Angleterre), il y a peu d'espèces de travail dont la rémunération ne pût être abaissée, si l'entrepreneur poussait jusqu'au bout les avantages que lui procure la concurrence. » Un siècle auparavant, un autre économiste illustre, Adam Smith, décrivait dans les termes qui suivent la position réciproque des ouvriers et des patrons en cas de grève : « Un propriétaire, un fermier, un maître manufacturier, un marchand, peuvent généralement vivre une année ou deux des fonds qu'ils ont pardevers eux sans employer un seul ouvrier. La plupart des ouvriers ne pourraient pas subsister une semaine, fort peu l'espace d'un mois, et presque aucun l'espace d'un an sans travailler. A la longue, le maître ne peut pas plus se passer de l'ouvrier que l'ouvrier du maître ; mais le besoin qu'il en a n'est pas aussi urgent. » Telles sont bien les idées courantes ; elles servent de puissants arguments à ceux qui revendiquent l'emploi de la force et de l'intimidation dans la fixation des salaires. Cependant, nous ne craignons pas de l'affirmer, toutes ces propositions sont erronées.

La maxime de Turgot, que l'ouvrier est condamné par la fatalité des lois économiques à ne gagner jamais rien au delà de sa subsistance, est aujourd'hui complétement fausse. Elle a pu être vraie dans une civilisation pauvre, où l'outillage industriel était presque nul et la production misérable, mais non dans les pays où se rencontrent l'activité du travail et l'importance de la production. S'il était vrai, comme l'affirme M. Mill, que les industriels fussent complétement maîtres des salaires de leurs ouvriers, ne serait-ce point de leur part une vertu surhumaine que de le maintenir à un taux au-dessous duquel il leur serait facile de l'abaisser? Pourrait-on attendre d'une classe nombreuse d'individus une abnégation aussi méritoire? Pourrait-on surtout expliquer que le salaire des ouvriers anglais ait haussé dans des proportions considérables depuis trente ans, quoique le prix des vivres ait diminué dans la même époque par l'abolition des lois sur les céréales[1]? L'assertion d'Adam Smith, que les patrons, en cas de grève, ont une position meilleure que les ouvriers, mérite une réfutation plus

---

1. Un document anglais sur la manufacture de draps d'Huddersfield prouve que les salaires avaient augmenté pour toutes les catégories d'ouvriers dans les trois périodes 1839, 1849, 1850; pour certaines branches de travail, la hausse des salaires se traduisait par les chiffres suivants : 30 sh. — 37 sh. 6 den. — 65 shillings par semaine.

minutieuse : ce sera l'occasion de montrer jusqu'à quel point les coalitions peuvent désorganiser la puissante, mais délicate industrie moderne.

Il est un fait remarquable, c'est que les grèves antérieures à 1848, et dont nous avons étudié le caractère, se produisaient principalement chez les ouvriers appartenant aux petits métiers des villes, comme les tailleurs, les charpentiers, les cordonniers. Il est incontestable que les patrons dans ces corps d'état pouvaient assez facilement supporter la grève quand elle ne se prolongeait pas. L'exercice de ces industries, en effet, n'exige d'ordinaire qu'un capital assez restreint ; d'un autre côté, les commandes et les livraisons n'y sont point soumises aux mêmes conditions d'exactitude rigoureuse qui sont en usage dans la grande industrie. Celle-ci a subi une complète transformation.

Autrefois l'outillage était rare et défectueux ; le nombre des machines était faible proportionnellement au nombre des bras, les capitaux engagés dans une entreprise étaient peu considérables. En veut-on des exemples ? Il y avait, à la fin du dix-huitième siècle, quelques grandes manufactures en France : nous avons cité les ateliers de van Robais, qui occupaient près de 1,700 ouvriers. On pourrait mentionner aussi d'importantes verreries, faïenceries, distilleries. Quel était l'outillage de toutes ces fabriques ? Des manéges, des rouages de bois, de grossiers engins ; les bâtiments étaient souvent de simples hangars où les ouvriers étaient pressés les uns contre les autres. L'*Encyclopédie* nous représente une fabrique d'épingles. L'on y voit un ouvrier qui tourne la roue pendant qu'un autre appointit à la meule un paquet de six épingles ; plus loin, deux autres passent à la filière et amincissent le fil de laiton ; au milieu de l'atelier, des enfants accroupis coupent avec des cisailles les morceaux du fil de métal. Le personnel est nombreux, le matériel est absent. Tout se fait à l'aide de bras ou de menus outils, rien avec le secours des machines. Que l'on compare cette fabrique du dix-huitième siècle avec les manufactures d'épingles ou de clous à Warington ou à Wolverhampton.

Assurément il était alors facile aux industriels de supporter une grève avec si peu de capitaux engagés. Les temps sont bien changés. Sous le premier empire, dans les manufactures de laine, qu'on désignait alors sous le nom de laineries, l'on cardait, l'on peignait, l'on filait à la main ; il n'y avait que les foulons qui fussent mus par l'eau ou par le vent; les ouvriers étaient entassés dans des ateliers sans air et sans jour et les pieds baignés dans l'eau. Combien sont différentes nos grandes manufactures de Reims! Il n'y a pas encore trente ans, un industriel des Vosges achetait, pour monter son usine, de vieux métiers qu'il payait au prix de la ferraille. Que de transformations sous nos yeux mêmes! Nous avons maintenant les peigneuses Heillmann et Hubner, le métier renvideur, *selfacting*. Pour faire place à ces nouveaux engins, les flancs de la manufacture doivent se dilater, et les murs s'élever. La part du capital engagé devient ainsi plus grande de jour en jour; des fabriques qui occupent le même nombre d'ouvriers qu'autrefois représentent des frais d'établissement deux ou trois fois plus considérables. C'est dire que de plus en plus l'industriel a besoin d'employer ce matériel coûteux pour en retirer l'intérêt et l'amortissement, et qu'il est de moins en moins capable de résister à une longue suspension du travail. Puis il y a des industries spécialement susceptibles, qui ne peuvent supporter le moindre temps d'arrêt: il faut que les hauts-fourneaux restent toujours allumés, il est nécessaire, dans les mines, que les machines d'épuisement ne cessent pas de fonctionner, sinon ce n'est pas seulement l'intérêt, c'est le capital lui-même qui est perdu pour le patron, pour la société, et nous ajouterons pour l'ouvrier.

Il en est des établissements industriels comme des êtres vivants : ceux qui ont l'organisation la plus simple peuvent supporter longtemps une suspension partielle ou totale des fonctions vitales, comme les animaux hivernants, sans parler de ces insectes que la légende ou la science assure pouvoir revivre après des siècles d'engourdissement. Mais les êtres les plus parfaits et dont l'organisation est compliquée ne peuvent résister à la moindre interruption des fonctions essentielles ; il ne faut qu'un instant d'arrêt pour déterminer leur mort.

Ce ne sont pas seulement les engins de production, ce sont aussi les procédés commerciaux qui se sont transformés. Autrefois chaque manufacturier n'usait guère que de son propre capital. Il commençait par fonder un établissement modeste, et il l'agrandissait peu à peu. Les nécessités industrielles, qui ne permettent plus que la production sur une très-grande échelle, ont forcé de recourir au crédit. Il y a peu de manufacturiers qui ne doivent des sommes importantes à des

banquiers auxquels ils servent de gros intérêts.
Ce sont là de mauvaises conditions pour résister à
une suspension de travail un peu prolongée. Aujourd'hui l'on produit de plus en plus sur com-
mande, l'on a des livraisons à effectuer à jour
fixe ; les retards entraînent souvent des dommages-intérêts. Conçoit-on les désordres causés par
les grèves avec cette nouvelle organisation industrielle et commerciale ? Il faut tenir compte aussi
de la concurrence internationale, qui est un fait
nouveau. Pendant que l'industrie d'un pays est
frappée par une grève, l'industrie similaire de
l'étranger en profite pour écouler ses produits,
pour supplanter sa rivale et lui enlever ses anciens
débouchés. C'est ce qui est arrivé aux constructeurs de machines en Angleterre : beaucoup de
coalitions ouvrières vinrent troubler cette industrie, jadis si prospère ; les constructeurs français
en ont profité pour s'emparer de la plupart des
marchés d'Europe.

Quelquefois, il est vrai, les grèves ont un résultat contraire aux prévisions : elles provoquent
une réaction énergique et un progrès industriel.
M. Ernest Gouin attribue aux exigences des mon-
teurs et ajusteurs (*millwrights*) le développement
pris par les machines-outils, en Angleterre d'a-

bord, puis en France [1] ; mais de tels faits sont l'exception, et l'on peut être sûr que le pays où les grèves sont le plus fréquentes sera bientôt devancé par ses concurrents sur le marché international. Ce qui assure en effet la supériorité commerciale d'un peuple, ce n'est pas seulement le bon marché et la qualité des produits, c'est l'exactitude des livraisons et la sécurité des relations.

Ainsi tout concourt à prouver que l'industrie peut de moins en moins supporter les grèves. La position des manufacturiers devant une coalition est de plus en plus difficile ; celle des ouvriers au contraire est meilleure qu'autrefois. La situation relative des deux parties est en quelque sorte renversée. Pour échapper au péril dont ils sont quelquefois menacés, les industriels, en cas de réclamations exorbitantes, n'ont qu'une ressource efficace : opposer une coalition du capital à une coalition du travail. Cette arme terrible, ils en ont usé en Angleterre, et, grâce à elle, ils ont souvent remporté la victoire ; mais au prix de quels sacrifices et de quels désastres ! C'est ainsi qu'en

1. Déposition de M. Gouin dans l'enquête sur l'enseignement professionnel, t. 1ᵉʳ, p. 391.

1866 les fabricants de fer du Staffordshire, dont quelques-uns étaient attaqués par une grève locale, s'entendirent pour fermer tous les ateliers sans exception. Ce fut une lutte épouvantable qui coûta aux ouvriers 8 millions de francs de salaires, et qui ne dut pas porter un moindre préjudice aux patrons. En l'état actuel de notre industrie, il est naturel que les grèves prennent de pareilles proportions; il est aussi impossible de localiser aujourd'hui les guerres industrielles que de localiser les guerres politiques.

La constitution de notre société est délicate, susceptible, impressionnable, précisément en raison de sa perfection. Elle a besoin au plus haut degré de la paix et de la concorde intérieure. C'est un mécanisme compliqué que le moindre désordre dans les rouages menace de langueur et de mort. Il semble qu'il suffise d'un grain de sable pour arrêter ces ressorts si mobiles et si fins dont l'agencement et le concours harmonieux produisent notre merveilleuse civilisation. Et cependant que de causes de ruines, ou tout au moins de crises intenses, n'avons-nous pas constatées ! que de pronostics de mauvais augure ! Beaucoup d'esprits se sont émus de cette situation périlleuse. De toutes parts, l'on s'est ingénié à chercher des

remèdes, chacun a proposé son spécifique favori.
Les uns ont vanté les associations coopératives, et
nous ont montré les sociétés de crédit ouvrières
d'Allemagne étendant chaque jour leur œuvre au
grand profit des classes laborieuses. D'autres
ont exalté la participation aux bénéfices, et ont
mis en relief des modèles divers, imaginés en
Angleterre, en Allemagne, en France, pour
transformer les salariés en capitalistes. Quelques-uns, plus modestes dans leurs prétentions, n'ont demandé qu'un plus grand essor
de l'instruction publique pour dissiper toutes les
inquiétudes.

Nous n'avons pas à examiner en ce moment la
valeur pratique de ces divers systèmes; nous
trouverions sans doute qu'on a placé une foi trop
grande et trop exclusive en chacun d'eux, que
l'on se prépare de prochaines déceptions. Ce qu'il
nous suffisait d'établir, c'est que la maladie est
plus générale, plus ancienne et plus intense qu'on
ne le croit communément. Nous nous défions des
panacées dans l'ordre moral comme dans l'ordre
physique, mais nous croyons à l'influence du régime et de l'hygiène; nous croyons à l'action
lente de la nature et du temps. Un demi-siècle
d'expérience a dû nous apprendre à connaître le

tempérament des populations ouvrières ; nous n'ignorons plus leurs besoins, leurs aspirations ni leur caractère ; nous savons combien de préjugés et de rancunes s'allient chez elles à des sentimens généreux et à de naïves illusions ; nous avons fait des tentatives isolées pour les élever sur l'échelle du bien-être, de la moralité et de l'intelligence. C'est à généraliser et à compléter cette œuvre que doivent s'appliquer tous nos soins.

Il ne faut pas croire à une solution unique, exclusive, de ce que l'on appelle la question ouvrière : on ne prévient pas, on n'arrête pas une crise organique par une formule ou par un mécanisme ; mais l'on peut perfectionner les méthodes d'instruction et les combinaisons de l'épargne. Il est permis d'ailleurs de compter sur le bon sens des classes laborieuses, sur le concours des forces vives de la société. Chaque jour, la production devient plus considérable et plus facile, la richesse s'accroît, la quote-part de chacun devient plus grande ; ce sont des causes naturelles d'apaisement. Sans doute l'avenir nous réserve des secousses plus ou moins graves[1] : il est bon de les

1. Ces lignes ont paru dans la *Revue des Deux Mondes* au mois de mars 1870. Les événements n'ont que trop donné raison à nos prévisions.

attendre pour les subir sans découragement ni
faiblesse. Quels qu'aient été les obstacles semés
sur sa route, l'humanité n'a jamais cessé d'avancer dans la voie du progrès, et parfois les efforts
qu'elle a été contrainte de faire pour triompher
de crises transitoires lui ont valu ses plus importantes conquêtes.

CHAPITRE II

Les associations ouvrières qui se sont constituées au début de ce siècle en Angleterre sous les
noms de *trades societies* et de *trades unions* ont
depuis quelques années vivement excité l'attention publique. Leur existence, jusque-là obscure
et presque ignorée, s'était manifestée au grand
jour en 1866 par une série d'attentats contre les
personnes et les propriétés, dont les villes de
Sheffield et de Manchester furent le théâtre. Une
enquête ordonnée par le parlement, conduite avec
une remarquable habileté et une égale impartialité, produisit sur l'organisation, le but et la politique de ces sociétés les renseignements les plus
nombreux et les plus circonstanciés. Tous les détails de leur vie intime et de leur action au dehors
ont été enregistrés dans d'énormes procès-ver-

baux qui ne comprennent pas moins de onze volumes.

Il importait de condenser la lumière de tous ces rayons épars : M. le comte de Paris, dans un livre d'une conception simple, d'une exécution sobre et d'une facile lecture, s'est chargé de cette tâche malaisée, et s'en est acquitté avec un grand bonheur. Grâce à lui, le public français a été familiarisé avec ces associations ouvrières anglaises. Cependant, si apprécié qu'il ait été en Angleterre comme sur le continent, l'ouvrage de M. le comte de Paris ne donne pas le dernier mot sur la constitution et sur le rôle des *trades unions*. Des matériaux, non-seulement plus abondants, mais plus concluants, sont aujourd'hui à notre disposition. Les membres de la commission d'enquête ont déposé leur rapport final; ils ont été contraints par l'opinion publique de se prononcer, et, comme il arrive toujours en pareil cas, ils ont été en désaccord. L'on a eu l'opinion de la majorité et celle de la minorité; bien plus, quelques membres même de la majorité ont cru devoir faire sur certains points des réserves ou des observations qui les séparent de leurs collègues. Cette variété d'appréciations et de documents est aussi propre à éclairer le lecteur, qui cherche à connaître le sujet sous toutes ses faces, qu'à embarrasser le législateur, qui doit traduire en prescriptions légales les suggestions des commissaires de l'enquête.

A côté de ces travaux officiels se sont produits dernièrement des ouvrages substantiels d'une incontestable valeur, et qui se distinguent par la diversité de leur esprit et de leurs tendances. L'un d'eux, écrit par un économiste radical, M. Thornton, a les plus hautes visées : il s'arme en guerre contre l'économie politique classique, et dans une apologie effrénée des coalitions et des *trades unions* il trace avec animation et enthousiasme le tableau vivant des associations ouvrières en Angleterre. Plus modeste dans ses prétentions, M. James Stirling, dans un opuscule des plus judicieux, nous décrit sans pitié les incontestables maux produits par l'unionisme, et rétablit avec vigueur les vrais principes scientifiques méconnus par les chefs et par les apologistes des *trades unions*. C'est à ces différentes sources que nous allons puiser pour esquisser la constitution, le but et les résultats de ces corporations, qui ont l'ambition de transformer les relations sociales. On ne saurait contester l'opportunité d'une pareille étude au moment où de nombreux indices nous annoncent qu'un grand effort se fait en

France parmi les populations ouvrières pour former une fédération de travailleurs dont l'objet avoué serait de réduire le capital à merci[1].

I

Les *trades unions* ou unions de métiers naquirent spontanément, il y a cinquante années, dans un grand nombre de localités et d'industries. Elles furent le produit, non d'un plan systématique émanant de l'intelligence d'un homme, mais de l'instinct des masses populaires; elles se constituèrent d'abord indépendamment les unes des autres : c'étaient de petites sociétés enfermées dans les étroites limites d'une ville ou d'un district. Leur caractère, dès l'origine, fut multiple. Elles étaient à la fois des corps de résistance ou plutôt d'agression, ayant pour but de provoquer la hausse des salaires, la diminution des heures de travail et toutes les autres améliorations souhaitées par l'ouvrier. En même temps, elles faisaient pour la plupart fonction de sociétés de secours mutuels. Cette double attribution est restée le

1. Cette étude a paru dans la *Revue des Deux Mondes* en avril 1870.

trait distinctif de ces associations. C'est grâce à cet appât de subventions en cas de chômage ou de maladies qu'un nombre immense d'ouvriers vinrent s'enrégimenter dans ces corporations. La guerre entre le capital et le travail, qui paraît s'envenimer de jour en jour, leur valut aussi un très-gros contingents d'adhérents.

Sous ces influences, elles n'ont cessé de se multiplier, de croître et de s'affermir. Elles sont aujourd'hui au nombre de 2,000 ; elles forment un personnel d'environ 800,000 hommes ; leur budget annuel est évalué à 1 million de livres sterling (25 millions de francs). Il n'est pas une industrie, si petite qu'elle soit, si élevée ou abaissée sur l'échelle des arts, qui ne compte dans son sein une ou plusieurs *trades unions*. Sur la liste immense de ces associations, l'on voit figurer des métiers dont le nom et l'existence étaient auparavant inconnus de la plupart des hommes. A supposer qu'une fatalité inexorable dût faire un jour disparaître de la terre tous les monuments de notre civilisation, il suffirait de retrouver la nomenclature des unions anglaises pour se former une idée complète de l'infinie variété de nos industries et de notre excessive division du travail.

Il y a dans le développement de l'unionisme

deux phases différentes : l'une est caractérisée par le morcellement, l'autre par la concentration de ces sociétés ouvrières. A mesure que se perfectionnaient les voies de communication, que les idées et les hommes sur tous les points du territoire se mêlaient davantage, les sociétés voisines fusionnaient, des groupes plus considérables se constituaient, et par ce système d'agrégation continue l'on voyait s'organiser peu à peu de vastes fédérations d'ouvriers d'un même métier. Les grandes unions anglaises ont aussi une origine récente; aucune n'a été créée de toutes pièces ou par voie de rayonnement, toutes sont nées par la réunion de petits groupes préexistants. On voit combien a été spontané, naturel et progressif l'essor des associations ouvrières en Angleterre. Elles ont été le fruit du temps et des circonstances beaucoup plus que de la réflexion. C'est là un exemple de l'intensité et de la généralité de cette force sociale qui pousse dans notre siècle tous les éléments similaires à se chercher et à s'absorber mutuellement, et qui produit en politique les grandes nationalités, en industrie les vastes compagnies anonymes, dans la vie civile ces associations gigantesques de citoyens réunis par l'analogie des occupations, des tendances et des intérêts.

Les principales unions anglaises portent dans leur **nom** même l'indice de ce développement successif; les plus importantes s'intitulent sociétés fusionnées (*amalgamated*). Parmi celles-ci, il faut ranger la plus célèbre, mais non la plus nombreuse des *trades unions,* celle des mécaniciens (*amalgamated engineers*), qui date de 1851 et compte 43,000 membres; chaque année, elle reçoit 2,000 ou 3,000 adhérents nouveaux. Telle est aussi une association moins grandiose, mais remarquable par son organisation, celle des charpentiers fusionnés (*amalgamated carpenters*), qui a 8,261 membres. Les grandes sociétés aspirent continuellement dans leur sein les groupes moins importants; c'est ainsi que la société des charpentiers fusionnés reçut en une seule année l'adhésion de 2,500 nouveaux frères, ce qui augmenta son effectif d'un quart. Une corporation rivale, les *operative house carpenters,* gagna aussi 2,500 membres en un an; la *friendly society of operative masons* fit 4,760 recrues en 1866. Une société toute locale, celle des peintres en bâtiment de Manchester, compte 3,960 membres, dont 1,209 s'affilièrent il y a trois ans. Plus les unions sont puissantes, plus elles exercent d'attraction sur les unions inférieures.

On conçoit que la politique et les procédés de ces associations varient en raison de leur grandeur. Aussi importe-t-il de distinguer les sociétés locales, enfermées dans l'enceinte d'une ville, les sociétés provinciales qui s'étendent à tout un district considérable, et les sociétés nationales, dont la sphère d'action n'a d'autre limite que celle même du pays. Il est d'autant plus important de ne pas confondre ces trois catégories, que les écrivains sans impartialité prennent la tactique de n'en considérer qu'une seule et de masquer les deux autres. Ceux qui veulent faire ressortir les plus mauvais côtés de l'unionisme ne présentent aux yeux que les unions locales, comme celles de Sheffield, déplorables coteries de malfaiteurs, de dupes ou de victimes ; ceux au contraire qui prétendent faire admirer et aimer les *trades unions* insistent uniquement sur les grandes associations nationales, comme celles des mécaniciens ou des charpentiers fusionnés, et décrivent avec détail leur organisation, l'intelligence et la modération de leurs chefs, la discipline et la bonne tenue de leurs affiliés.

Si l'on se formait une idée de la conduite des unions anglaises uniquement sur l'examen de leurs statuts, on ne serait pas éloigné de reconnaître que ces sociétés réalisent l'un des types les plus accomplis du gouvernement de tous par tous. Il n'est pas de constitution, fabriquée de toutes pièces dans la tête d'un philosophe, où de plus grandes précautions aient été prises pour prévenir les abus de pouvoir et pour remettre aux mains des intéressés la décision et le contrôle de toutes les affaires importantes. C'est un des points de vue les plus curieux de l'histoire de l'unionisme que l'observation du fonctionnement des institutions démocratiques radicales sans aucun alliage d'esprit aristocratique ou bourgeois. Ceux qui se sont fait un idéal social d'où disparaîtrait toute autorité personnelle qui ne proviendrait point du mandat populaire peuvent contempler les *trades unions* et se complaire à cette vivante image de leurs rêves.

C'est surtout dans les petites sociétés locales qu'enferme l'enceinte étroite d'une ville et d'un métier que l'on doit s'attendre à découvrir les fruits naturels et bienfaisants des principes, des mœurs et des traditions démocratiques dans leur pureté originelle. Les corporations de cette catégorie ont un nombre de membres restreint, quelques centaines le plus souvent, trois ou quatre mille au plus. Tous se connaissent, se rencontrent chaque jour à l'ouvrage, sont au courant des affaires qui font l'objet de leur association. Quelle occasion plus belle pour inaugurer ce que l'on appelle le gouvernement direct, et pour le pratiquer avec sincérité et efficacité ! Comment supposer que la majorité n'ait pas le dernier mot dans ces réunions d'amis et de frères, que les fonctions qui sont électives et de courte durée ne présentent pas toutes les garanties de responsabilité véritable, qu'il soit possible à quelques hommes de s'imposer à ces sociétés malgré leur répugnance, de s'y arroger un pouvoir absolu et de s'ériger en césars dans ces imperceptibles républiques? Et cependant les faits sont là, évidents, inexorables, qui prouvent que dans toutes ces unions inférieures il n'y a ni liberté ni contrôle. Les partisans les plus décidés des associations ouvrières anglaises sont contraints d'en convenir. Nul n'est plus explicite sur ce point que l'ardent apologiste des *trades unions*, M. Thornton. « C'est dans ces unions restreintes, dit-il, qu'on peut voir à l'occasion se manifester la fréquente prédilection du suffrage universel pour l'impérialisme, son inclination à laisser le soin de régler toutes choses à un seul individu. si nous voulions trouver à quoi ressemblent dans l'antiquité les unions urbaines, il nous faudrait jeter les yeux sur ces petites démocraties de la Grèce primitive qui, par suite apparemment de leur extrême petitesse, dégénérèrent rapidement en aristocraties ou en autocraties. »

Bien des circonstances secondent et perpétuent cette concentration des pouvoirs. Les conditions mêmes qui en théorie semblent à quelques-uns le plus propices au jeu régulier des institutions libres se retournent dans la pratique, et amènent des effets contraires à ceux que l'on se croyait en droit d'attendre. Le petit nombre des membres des unions, leur perpétuel contact, favorisent l'intimidation et la corruption même. Sans cesse sous les yeux des fonctionnaires qui émanent nominalement de leur choix, les affiliés sont soumis à une surveillance d'Argus qui pas un instant ne les abandonne. Ils ont toujours besoin du concours de leurs chefs pour se procurer de l'ouvrage quand ils en manquent, pour obtenir des secours en cas de maladie, d'accident ou de chômage forcé; contre les décisions de la junte directrice ils n'ont d'ailleurs aucun recours.

Il n'est pas besoin d'être grand prince pour se livrer au favoritisme ou à l'arbitraire. Tout chef d'une petite union anglaise a ses moyens de récompense et de punition, par conséquent aussi ses courtisans et ses esclaves. Quelle est dans ces infimes sociétés démocratiques l'inégalité des charges et de l'autorité entre des fonctionnaires égaux par l'origine de leur mandat, une intéressante déposition de l'enquête vient nous l'apprendre. L'on demandait à un ouvrier, qui avait siégé pendant seize semaines dans le comité d'une union, quelles étaient les fonctions des membres de ce comité. Le témoin répondit qu'il ne le savait pas. « Mais vous-même que faisiez-vous? — J'étais assis en silence, et je *sirotais* de l'ale. — Et les autres, que faisaient-ils? — Beaucoup sirotaient aussi leur ale. » Dans la réunion sur laquelle le témoin était interrogé, il avait, disait-il, signé un papier rédigé par le secrétaire, mais il ne l'avait pas lu ni entendu lire, et il en ignorait le contenu. « Mais les membres du comité n'ont-ils donc rien autre chose à faire que de siroter de la bière?» Le témoin ne le pouvait dire. Pendant les seize semaines qu'il avait siégé, il n'avait rien découvert à cet égard. Comment en serait-il autrement? Ces petites républiques ont, elles aussi, leurs candidats officiels que l'on paye en pots de bière et dont on n'exige que des signa-

turcs, instruments passifs qui se sont engagés
d'avance à ratifier toutes les décisions ou tous
les comptes qu'ils sont supposés contrôler.

Il serait intéressant de tracer la physionomie des fonctionnaires de ces *trades unions* locales. En nous abandonnant à notre inspiration
propre, nous craindrions de faire un portrait de
de fantaisie qui touchât à la caricature ; laissons
ce soin à l'apologiste habituel des associations
ouvrières anglaises, M. Thornton, qui s'acquit-
téra de cette tâche en maître. « Vrais déma-
gogues, dit-il, tapageurs, avides, *all tongue and
stomach* (toute langue et tout estomac), ils
arrivent à une fonction à force de déclamation,
d'hypocrisie, et ne la convoitent que pour les
rations de pain et de poisson, de bière et de
grog qu'elle rapporte, le petit relief qu'elle donne,
la paresse qu'elle autorise, et les facilités qu'elle
offre pour commettre des détournemens et des
malversations. Des appâts de ce genre dans les
unions ne font pas faute aux ambitions de bas
étage. »

La vérité de ces paroles est confirmée par les
faits les mieux établis ; ce n'est pas seulement
la présence d'un *Broadhead* à la tête de la corporation des remouleurs de scies de Sheffield, c'est

tout un ensemble de circonstances analogues que l'on ne peut prétendre accidentelles ou transitoires. N'a-t-on pas vu quelques-unes de ces petites associations maintenir en fonction des hommes convaincus d'avoir provoqué des crimes et stipendié des assassins? Tous les chefs ne sont pas sans doute aussi profondément dépravés, mais la plupart n'offrent aucune garantie sérieuse de caractère et d'esprit de conduite. « Ces hommes, dit encore M. Thornton, n'ont pas été assurément investis de leurs fonctions sans égard pour les aptitudes qu'elles exigent; mais ils les doivent aussi en grande partie à d'autres recommandations, parmi lesquelles figure principalement leur qualité de bons convives. Il est peut-être indispensable qu'ils possèdent une instruction suffisante pour rédiger passablement un rapport où un flamboyant manifeste; mais, s'ils ont la réputation d'être de joyeux compagnons, d'une gaieté discrète entre deux vins, sachant chanter une chanson égrillarde et raconter un bon conte, cela ajoute énormément au crédit qu'ils inspirent. » Nous n'aurions pas cru nos voisins aussi accessibles à ces charmes extérieurs et à ces grâces superficielles que notre sociabilité fait apprécier à la population française. Telle est la constitution de ces unions locales, et voilà leurs chefs ; pour qu'on les juge en toute connaissance de cause, il nous reste à montrer quelles sont leurs œuvres : c'est ce que nous examinerons plus loin.

Plus régulières et plus imposantes dans leurs allures, plus *respectables* aussi, pour employer une heureuse expression anglaise, sont les *trades unions* qui s'étendent à toute une province ou à tout un district. Le despotisme des chefs y est plus dissimulé sous les apparences; il s'y fait jour d'une manière moins brutale, et y laisse une place plus grande soit à la discussion, soit même parfois à la résistance. Ces unions provinciales sont naturellement divisées en plusieurs branches appelées *loges*, que domine un comité central et exécutif; mais ce ne sont pas les institutions représentatives qui fonctionnent dans ces associations et les régissent. L'ouvrier a toujours une prédilection pour le gouvernement direct, croyant y trouver plus de garanties. Toutes les importantes questions de « politique pratique, » — ce mot pompeux est une métaphore pour désigner les grèves, — sont systématiquement remises au suffrage universel. L'un des commissaires de l'enquête, M. Harrisson, nous a décrit le procédé qui met cette machine en mouvement. Des bulletins de vote sont envoyés à tous les membres de la société. Plusieurs fois de suite les mesures à prendre sont examinées dans chaque loge par l'ensemble des affiliés. Dans certains cas, par exception, les différentes loges choisissent des délégués qui se concertent entre eux, non sans en appeler parfois à leurs constituants et souvent, après plusieurs mois de délibérations publiques, l'on s'arrête à la décision qu'appuie la majorité des suffrages. Où trouver une constitution plus rationnelle et plus parfaite? Malheureusement elle est aussi décevante en pratique que recommandable en théorie. Ce sont les membres du comité directeur qui ont la haute main et le dernier mot dans toutes les discussions. On l'a bien vu dans la dernière et immense grève des *puddlers* du Staffordshire, qui, de l'aveu des défenseurs mêmes des *trades unions*, a été déterminée uniquement par la junte directrice.

Il est naturel, il est inévitable que les fonctionnaires qui sont à la tête de ces associations aient une disposition, inconsciente peut-être, à encourager, si ce n'est à provoquer les grèves. Ce serait mal connaître les hommes que de ne pas les croire capables d'abuser des pouvoirs presque illimités que les circonstances leur ont confiés. Ce serait ignorer complétement le caractère de ces ouvriers parvenus que de ne pas constater l'irrésistible fascination qu'exerce sur leur esprit naïf la facilité de jouer un rôle public et d'être aux yeux de tous des personnages. Présider de grands *meetings*, faire des discours devant de nombreuses assemblées, rédiger des manifestes, parlementer sur le pied d'égalité avec d'opulents patrons, diriger, pousser, retenir les masses obéissantes, conclure et signer des traités de paix, voir son nom imprimé dans tous les journaux et répandu sur tout le territoire, est-ce qu'il n'y a pas dans cette puissance et dans cette célébrité, si éphémères qu'elles soient, un appât séducteur, un charme entraînant, un indomptable attrait ? Toutes ces jouissances, qui semblaient autrefois réservées aux classes riches, il est donné aujourd'hui aux esprits distingués des classes inférieures de les savourer; c'est avec délices et enivrement qu'ils goûtent ce fruit jusque-là défendu. L'on amuse les hommes comme les enfants avec des hochets. Dans ces jeux de l'ambition, ils peuvent apporter plus de sérieux et de gravité en apparence, mais au fond ils gardent la même naïveté.

La plupart de ces chefs ne sont d'ailleurs

pas des ambitieux vulgaires, ce sont aussi des croyants ; ils ont foi en leur *credo*, ils se regardent comme les représentants attitrés de l'humanité souffrante et militante, comme les pionniers de l'avenir. Au sentiment exagéré de leur importance personnelle, ils joignent celui d'une mission providentielle; ce sont des tribuns doublés d'apôtres.

Nous arrivons à ces grandes associations nationales qui fournissent aux partisans de l'unionisme l'objet de peintures complaisantes et de développements lyriques. Ces vastes sociétés, dont quelques-unes comptent jusqu'à 50,000 adhérents, frappent de respect, si ce n'est de stupeur, ceux qui s'approchent d'elles pour les étudier. Ce n'est pas que toutes soient exemptes de défauts graves qui sautent dès l'abord aux yeux. Il en est, comme la corporation des mineurs, la plus importante de toutes par le nombre, qui se montrent parfois dans la pratique aussi turbulentes et aussi anarchiques que les plus petites unions locales. Elles ont des délégués payés, qui sont des agitateurs à gages. Un ouvrier, qui déposait devant la commission d'enquête, dépeignait admirablement l'éloquence et l'action de l'un de ces délégués. « Il excitait les ouvriers à un très-haut degré, mais souvent sans se rendre compte de l'effet de ses paroles; c'était du reste un orateur très-puissant, qui avait une très-puissante voix et qui faisait beaucoup de bruit. — Comme un tambour?» reprit M. Rœbuck, l'un des plus ém' 'ents membres de la commission. Un fracas confus de paroles qui entraînent les masses ouvrières à la bataille, c'est souvent là toute la philosophie et toute la politique des fonctionnaires unionistes. Il ne faut cependant pas calomnier par des assimilations inexactes les corporations modèles, comme celles des mécaniciens ou des charpentiers fusionnés. Là se rencontre un appareil complet d'institutions sagement pondérées.

L'union des charpentiers fusionnés (*amalgamated carpenters*) n'a guère que 8,000 membres répartis en 190 branches ou loges : c'est peu pour une association nationale de premier ordre; mais elle rachète son infériorité numérique par sabonne organisati on intérieure. Une loge ne peut compter moins de 7 membres, ni plus de 300. Chaque loge est d'ailleurs un corps complet, ayant ses fonctionnaires propres, élus généralement tous les trois mois, sauf le trésorier, le secrétaire et le rapporteur, qui restent une année en charge : elle recueille, garde et dépense

ses propres revenus; elle jouit ainsi du *self-go-
vernment*. Les dignitaires sont élus dans des
assemblées auxquelles chaque membre doit assister sous peine d'amende. Il y a, toutes les fois
que les circonstances le requièrent, des réunions
du comité pour l'expédition des affaires courantes; tous les quinze jours, la loge entière
est convoquée en assemblée générale ordinaire
pour contrôler, approuver, réformer les décisions
des fonctionnaires et régler l'emploi des fonds.

Le pouvoir central de la société est conféré à
un conseil général, composé d'un président et de
seize membres, dont six sont élus par les loges de
Londres et les autres par les loges provinciales.
Ce conseil est renouvelable par moitié tous les
six mois. Comme les membres provinciaux n'auraient guère le temps ni les moyens d'assister à
de fréquentes réunions dans la métropole, le
maniement des affaires est abandonné en fait à
un conseil exécutif qui comprend les six membres métropolitains et un président élu par les
loges de Londres. Ce conseil exécutif a des attributions très=nettement délimitées en théorie,
mais presque infinies en pratique. Il exerce sur
les différentes loges un droit de contrôle et de
tutelle; il surveille spécialement leurs finances,

juge les appels formés contre leurs décisions, autorise l'établissement de nouvelles loges, décrète, sanctionne et clôt les grèves. Il n'a d'ailleurs pas le pouvoir constituant, qui n'appartient qu'à la société tout entière. Les décisions du conseil exécutif ne sont pas sans appel; si une loge se prononce contre à la majorité des deux tiers des voix, l'on doit recourir à un plébiscite. Le suffrage universel décide ainsi en dernier ressort, et casse ou modifie les résolutions des fonctionnaires élus.

On voit combien de précautions ont été prises pour que les autorités unionistes ne soient que les humbles exécuteurs de la volonté populaire. Vanité des constitutions écrites, quand elles sont en opposition avec les mœurs et les situations sociales! Ces mandataires entourés de tant de lisières théoriques ont dans la pratique les allures les plus indépendantes. Rééligibles tous les six mois, il sont perpétuellement réélus; ils se maintiennent de longues années en charge et sont bientôt considérés comme des hommes nécessaires. Ils respectent la lettre des statuts et en violent l'esprit. Ils jouissent de l'avantage immense de l'initiative, prennent leur temps pour poser les questions, rédigent les formules et ont toujours gain de cause.

C'est une illusion de s'imaginer qu'on peut fonder une liberté réelle et un contrôle efficace dans une société où tout est poussière, où le niveau implacable d'une égalité géométrique n'a laissé subsister que des molécules éparses, sans cohésion ni résistance. La diversité des conditions et des influences sociales, c'est une pièce nécessaire au mécanisme des institutions libérales, c'en est même le moteur essentiel. Dans ces vastes associations d'individus que l'on appelle les unions nationales, il n'y a pas un homme qui ait une personnalité assez forte, un crédit assez universel, une situation assez affermie, pour se dresser contre les fonctionnaires élus et former un noyau d'opposition. D'autres circonstances, qui tiennent au but même de l'unionisme, tendent à y développer la concentration des pouvoirs et à empêcher le contrôle. Les unions sont des corps militants; à proprement parler, ce sont des régiments, une armée toujours en présence de l'ennemi. Dans cette lutte acharnée et sans trêve que le travail a entreprise contre le capital, la nécessité de la discipline est reconnue par tous. La soumission aux ordres des chefs est la première qualité requise. Ce n'est pas à l'heure de la lutte, c'est après le triomphe que les rivalités et les compétitions de personnes ou de principes pourront trouver leur place.

C'est une loi providentielle ou, si l'on veut, une loi organique de notre état social que la présence et le concours de toutes les classes soient nécessaires pour le fonctionnement d'institutions libérales. Ayez un gouvernement d'aristocratie, de bourgeois ou d'ouvriers, et vous n'aurez jamais qu'un gouvernement despotique : ce sera un comité de salut public, un conseil des dix ou une dictature ; ce ne sera pas une administration pacifique et régulière. Dans toutes ces associations, qui se recrutent exclusivement au sein d'une classe en vue d'une lutte social , ce seront toujours les minorités radicales qui exerceront la prépondérance. Le fait et reconnu par les plus chauds partisans de l'unionisme, par M. Thornton lui-même. « Il ressort clairement, dit-il, que les conseils exécutifs des unions ouvrières sont parfaitement en situation d'exercer sur les membres la haute pression dont l'opinion publique les accuse. Il est en outre certain que tous maintenant exercent cette pression d'une manière plus ou moins violente, ce plus ou ce moins dépendant, pour chaque cas particulier, en partie du caractère collectif de l'union engagée dans l'affaire, en partie du caractère individuel de ses directeurs. »

Les fonctionaires de ces grandes unions nationales diffèrent beaucoup de leurs collègues des unions inférieures : ce sont des lettrés, des diplomates, des politiques. Ils ont les yeux fixés sur l'avenir, et par conséquent évitent ou préviennent les impatiences et les tentatives hasardées ou prématurées; ils affectent la modération, le calme et la dignité. Leur parole est emmiellée; ce sont des pilotes qui prétendent à l'habileté non moins qu'à la vigilance : ils copient les hommes d'État, beaucoup sont de véritables doctrinaires. Le sentiment de la responsabilité immense qui pèse sur eux les oblige d'ailleurs à contenir leur personnel plutôt qu'à l'exciter. Ces positions ne sont pas des sinécures, elles exigent une activité fébrile, au moral et au physique. L'un des directeurs de ces sociétés, M. Mac Donald, président de l'association nationale des houilleurs, déclare qu'en sept ans il a pris part à 1,600 réunions, parcouru 230,000 milles (près de 100,000 lieues), écrit 17,000 lettres.

Pour tous ces labeurs, ces fonctionnaires ont de maigres apointements. Le secrétaire général de la société des charpentiers fusionnés n'a que 130 livres sterling par an, soit 3,250 francs. Les allocations extraordinaires pour frais de déplacement sont plus généreusement calculées. Comme jeton de présence à une assemblée de jour, un membre du conseil exécutif des mécaniciens reçoit l'équivalent de son salaire habituel, plus 5 shil. ou 6 shil. 6 pence selon l'éloignement du lieu de la réunion. Un délégué de la même société envoyé en mission touche, outre son salaire ordinaire et ses frais de voyage, 7 shil. par jour pour « autres dépenses. » Un *meeting* que tinrent, il y a deux ans, les maçons en briques de Sheffield coûta 27,000 francs à la société, chaque membre ayant reçu 14 francs 33 centimes par jour, plus ses frais de logement et de transport en chemin de fer, sans compter 60 centimes pour rafraîchissements.

Dans ces corporations, comme dans toutes les associations humaines, les finances jouent un grand rôle. Nous avons déjà indiqué que, pour remplir leurs caisses, l'immense majorité des unions anglaises avaient eu recours à l'appât des secours mutuels; quelques-unes même vont jusqu'à donner à leurs membres des pensions de retraite. Dans la société des charpentiers fusionnés, chaque affilié doit, outre une entrée de 5 shil. (6 fr. 25), une cotisation hebdomadaire de 1 shil. (1 fr. 25), c'est-à-dire 2 liv. sterl. 13 shil. par an (66 fr. 25). Le salaire de ces ouvriers étant habituellement de 30 à 36 shil. par semaine, les versements qu'ils font à l'union équivalent à une taxe de 8 pence par liv. st. de revenu, ou de 3 p. 100.

Le budget de l'union se divise en trois chapitres. L'un est consacré aux secours mutuels, et comprend, entre autres articles, des subventions allant jusqu'à 12 shil. par semaine en cas de maladie, des pensions hebdomadaires de 5, 7 ou 8 shil. aux vieillards, des frais d'enterrement qui s'élèvent jusqu'à 12 livres sterl. (300 fr.) pour tout membre faisant partie de la société depuis plus de six mois. Le second chapitre concerne le affaires dites du métier, c'est-à-dire principalement l'entretien des grèves. Le dernier chapitre renferme les frais généraux.

Si l'on considère qu'outre les avantages énoncés l'union promet à ses adhérents des primes pour l'émigration, des indemnités en cas d'accident, des assurances contre la perte de leurs outils ons peut juger qu'une pareille association est un immense bienfait pour ceux qui en font partie ; mais ici encore il faut se mettre en garde contre les séductions des statuts. Quoique jusqu'à présent, dans les années de paix industrielle, les grandes unions aient toujours équilibré leur budget par des excédants considérables, il résulte des recherches d'habiles comptables qu'à la longue, quand leur personnel sera un peu vieilli et qu'elles devront servir des pensions de retraite, elles seront dans l'impossibilité de tenir leurs engagements. Il en serait ainsi alors même que ces associations emploieraient toutes leurs ressources à un but charitable et renonceraient à les gaspiller en frais de grève. Or, jusqu'ici, c'est toujours la grève qui est le but de l'unionisme; c'est en vue de la soutenir qu'on recueille et qu'on amasse des capitaux. Par la perspective des secours mutuels et des retraites, les unions ont recruté de nombreux adhérents. L'ouvrier qui, séduit par ce mirage, leur a fait quelques versements, pour ne pas perdre ses droits acquis est obligé à une passive obéissance; car, fît-il partie depuis vingt ans de l'association, il est toujours exposé à une expulsion arbitraire sans la moindre indemnité. D'un autre côté, la tentation est bien forte pour les fonctionnaires unionistes de sacrifier à la guerre industrielle les fonds destinés à assurer le repos de leurs adhérents. La pratique justifie souvent ces deux vers anglais si judicieux :

> « How oft the sight of means to do ill deeds
> Makes deeds ill done. »

Que les comptes de ces unions laissent fort à

désirer sous le rapport de l'exactitude, personne n'en sera surpris. D'abord la classe ouvrière entend peu la comptabilité; puis, ce qui est plus grave, il y a de fréquents exemples d'improbité. Ce ne sont pas seulement les caissiers qui emportent la caisse ; l'effronterie et l'hypocrisie vont plus loin. L'on a vu des trésoriers sommés pendant la nuit de représenter le matin suivant les fonds qui, d'après leurs livres, devaient être entre leurs mains, avoir leur maison brûlée ou pillée avant le jour. Des secrétaires ont souvent déchiré de leur grand-livre les pages qui auraient fait découvrir leurs fraudes. Ces détournements criminels sont quelquefois d'une impudence qui atteint le comble du ridicule et du comique. Il s'est trouvé un caissier qui a eu recours à l'ingénieux expédient de laisser tomber son livre dans le feu et de l'y laisser se consumer entièrement, parce que, dit-il ensuite sans s'excuser, il n'avait pas de pincettes à sa disposition, et se serait brûlé les doigts, s'il avait essayé de le retirer des flammes. Il y a loin de là certes à ces habitudes de régularité scrupuleuse qui distinguent les maisons commerciales anglaises. Nos voisins aiment à raconter avec orgueil que, dans une grande maison de banque de Londres, où tous les jours on remue des millions, les comptes ayant présenté un soir une erreur d'un penny (10 centimes), personne ne quitta l'établissement que le malheureux penny ne fût retrouvé. Il est encore des vertus ou des qualités bourgeoises dont les fonctionnaires unionistes auraient besoin de faire l'apprentissage.

II

Nous avons étudié le mécanisme de l'organisation des unions anglaises, il est temps de le voir fonctionner. Les unions poursuivent l'élévation de la condition de l'ouvrier, but légitime, méritoire même; mais presque toutes ces associations se sont trompées sur les meilleurs moyens de l'atteindre.

Il importe cependant de ne pas faire peser sur elles une égale responsabilité, de ne pas perdre de vue la distinction radicale que nous avons établie entre les petites unions locales et les grandes unions nationales. Prenons comme exemple l'union des briquetiers. On sait que toutes les villes anglaises sont bâties en briques. Il n'est pas téméraire de dire qu'on trouverait difficilement sur la terre une engeance plus despotique, plus arrogante et plus inepte à la fois que ces populations de bri-

quetiers anglais; ils se sont formés en congréga-
tions qui ont divisé le territoire en zones et qui
ne permettent pas l'entrée de briques faites dans
une zône étrangère; ils ont prohibé toute espèce
de machines ou d'engins, ainsi que l'emploi des
briques mécaniques. Ils ont fait avec les maçons
et les tailleurs de pierres des conventions dont
voici quelques articles : les pierres ne peuvent
être taillées dans les carrières et doivent être
amenées brutes à l'endroit où elles seront em-
ployées; il est défendu à l'aide-maçon de porter
des briques dans une brouette; c'est dans une
auge qu'il les doit mettre, et encore n'en doit-il
avoir plus de huit à la fois. Grâce à ces règlements, la dépense pour le consommateur est su-
rélevée de 35 pour 100. On remplirait des pages
entières de prescriptions aussi vexatoires.

Malheureusement la contagion de ces mesures
arbitraires atteint les unions d'ordre supérieur.
Un des grands constructeurs de Londres, M. Trollope, raconte que, s'adressant en ces termes à un
ouvrier honnête : « Eh bien ! voyons, est-ce là
ce que vous appelez une bonne journée de travail? » il lui fut répondu : « Non, monsieur ;
mais on ne me permet pas de faire plus que mes
camarades. » Une autre fois le même industriel

reprochait à un ouvrier de se rendre à son ouvrage comme un limaçon. « J'en suis bien fâ-
ché, monsieur, lui répliqua-t-on ; mais on ne
nous permet pas de nous échauffer, si c'est votre
temps que nous dépensons. » Tous ces faits ne
sont que trop réels, beaucoup d'unions font un
crime à leurs affiliés d'être actifs au travail ; il ne
leur est pas permis de devancer leurs camarades
(*to best their mates*). Trop de diligence à l'atelier peut entraîner une amende à la loge. D'autre
part, même les grandes corporations sont hostiles
à l'introduction des machines ou en paralysent les
effets bienfaisants. Que de luttes n'a pas eu à soutenir un industriel sorti de la classe ouvrière,
M. Nasmyth, pour avoir inventé ces merveilleuses machines-outils qui ont si fort contribué
au développement de notre civilisation contemporaine ! M. le comte de Paris nous raconte que
dans les *Mersey iron works* deux ouvriers lami-
neurs, qui ne travaillaient pas plus que leurs camarades, se trouvèrent gagner, l'un 400 livres
sterling (10,000 fr.), et l'autre 450 livres sterling
(11,250 fr.) par an, parce qu'un perfectionnement
mécanique avait été introduit dans la fabrication,
et qu'il n'avait pas été possible aux patrons de
changer la base des tarifs de salaires auparavant

en usage. On devine si un pareil état de choses facilite les progrès de la production.

Une des prétentions les plus exorbitantes des
unions anglaises et assurément la plus universelle
de toutes, c'est de fixer et de restreindre le
nombre des apprentis. Sur ce point, il n'y a
qu'une voix dans les grandes comme dans les petites associations. On doit croire que les ouvriers
unionistes ont une conscience particulière ou une
conception toute spéciale de notre régime industriel; c'est avec une parfaite naïveté qu'ils exposent à cet égard leurs revendications sans se douter
de ce qu'elles ont de tyrannique et d'injuste. « La
limitation du nombre des apprentis, dit l'un deux,
est toute simple : nous considérons que, comme
ouvriers qui avons été élevés dans ce métier et
avons passé plusieurs années à l'apprendre, nous
avons le droit, dans une certaine mesure, de limiter le nombre de bras précisément à la demande
qui peut exister. » C'est prétendre à beaucoup de
clairvoyance et d'impartialité. Un autre parle avec
moins de détours. « La manière dont nous considérons cette question des apprentis est simplement celle-ci : nous avons appris un métier, et
nous voulons qu'il nous permette une vie honorable (*respectable living*). » Il ne vient même pas

à la pensée de cet affilié des unions que beaucoup d'autres personnes dans le monde voudraient, elles aussi, vivre honorablement.

Si les ouvriers seuls étaient imbus de ces sophismes, on aurait des regrets, non de l'étonnement; mais beaucoup de publicistes les accueillent et les propagent. Or qu'arriverait-il si toutes les professions qui tiennent la tête de l'échelle du travail faisaient triompher cette prétention de restreindre le nombre des apprentis? C'est qu'en dehors d'une certaine classe de privilégiés, tous les ouvriers seraient condamnés à être des manœuvres. En réalité, c'est une petite aristocratie d'artisans qui veut s'attribuer le monopole des métiers lucratifs aux dépens des travailleurs moins fortunés et de la jeune génération. Pour les partisans de ce système, la connaissance et la pratique d'un art manuel est une propriété comme une charge de notaire ou d'avoué. « Nous ne demandons pas, disait un affilié des *trades unions*, que la loi intervienne pour étendre à cette propriété la même protection qu'aux priviléges des avocats, des médecins et des autres professions dites libérales; nous cherchons à nous l'assurer par la formation des unions.» Il y a dans ces paroles une assimilation choquante : quoi que l'on puisse penser de l'utilité des examens pour l'entrée du barreau ou de la carrière médicale, il est complétement faux de dire que le nombre des avocats ou des médecins soit borné; ces professions sont accessibles à tous. Encore le stage des avocats et des médecins n'est-il nullement prescrit en considération des personnes déjà engagées dans ces carrières, c'est dans l'intérêt du public et surtout des classes les moins éclairées qu'on l'exige.

Fidèles à la logique, les ouvriers unionistes poussent jusqu'aux mesures les plus extrêmes le principe de la restriction de la concurrence. Ici, l'on déserte deux ateliers parce que les patrons emploient leurs propres fils; là, une union d'ourdisseurs ne permet pas à la femme et aux sœurs d'un de leurs membres d'ourdir, sous prétexte que les règlements interdisent ce travail aux femmes. Ailleurs, des perfectionnements mécaniques ayant facilité certains travaux, les maîtres avaient cru pouvoir les confier à des enfants; ils avaient compté sans les unions, qui voulurent les maintenir à des hommes faits. Les associations les plus éclairées se rendent complices de ces abus de pouvoir. Le secrétaire des mécaniciens fusionnés déclara dans l'enquête que, depuis dix ans, une des principales causes de querelles avec les patrons était le fréquent emploi d'enfants. Or il ne faut pas oublier que les prodigieux perfectionnements survenus dans la fabrication des machines y rendent beaucoup d'ouvrages très-faciles et peu fatigants.

Le travail à la tâche est également attaqué et prohibé par beaucoup de *trades unions*, et en particulier par les plus puissantes et relativement les plus éclairées de ces sociétés, celles des ouvriers en bâtiments et celles des mécaniciens. Ce serait faire injure au lecteur que d'exposer ici les raisons qui font du salaire à la tâche le mode de rétribution le plus parfait et le plus avantageux à la fois aux ouvriers, aux patrons et à la société tout entière. On parle beaucoup depuis quelques mois d'associer les travailleurs aux profits des patrons; or le travail aux pièces est une forme de cette participation aux bénéfices, mais les unionistes sont d'un avis contraire. Il n'est pas de sophismes qu'ils n'emploient pour justifier leurs préventions contre ce mode perfectionné d'organisation de l'industrie. Ils allèguent que le travail à la tâche pousse les ouvriers à l'intempérance, qu'il rabaisse la main-d'œuvre et produit de mauvais ouvrage.

Il se trouve des écrivains de talent, comme

M. Thornton, pour appuyer ces préjugés, en dépit de l'évidence et de l'accord unanime des industriels, qui n'ont pourtant aucun intérêt à avoir des ouvriers débauchés et du travail mal fait. Nous regrettons que M. le comte de Paris semble donner sur ce point gain de cause aux réclamations des unionistes. « Pourquoi le payement à la journée serait-il si mauvais, disait un ouvrier devant la commission d'enquête, puisque, depuis le premier ministre de sa majesté jusqu'au dernier mousse de la marine royale, tous les employés de l'État sont payés à la journée, et n'en remplissent pas moins bien leur devoir? » Cette réponse plus ou moins spirituelle ne saurait satisfaire le bon sens : le travail à la tâche n'est possible que dans les occupations qui produisent un résultat matériel facilement appréciable et mesurable; or ce n'est pas le cas pour les services intellectuels d'un administrateur; ce n'est pas le cas non plus pour l'ouvrage d'un matelot de la marine de l'Etat, qui ne fournit, en fin de compte, aucun article ayant une valeur reconnue dans le commerce. Il faut traiter avec sévérité tous ces déplorables sophismes. La vraie cause de l'hostilité de plusieurs *trades unions* importantes contre le travail à la tâche a été indiquée par les commissaires de l'enquête, c'est que ce mode de payement fait ressortir l'immense influence de la volonté et de l'attention sur la productivité du travail. Les médiocres ouvriers n'ont aucun intérêt à la constatation de cette vérité, et, comme ils dominent dans les unions, ils prohibent toute autre forme de rétribution que le salaire à la journée.

Toutes ces prétentions des ouvriers unionistes n'ont dans la pratique d'autre appui que les grèves. La préparation et l'organisation des grèves, c'est donc la grande affaire des *trades unions*, tout le reste n'est qu'accessoire ; mais une grave difficulté se présente. Pour que les coalitions soient efficaces, il faut l'unanimité de tous les travailleurs d'un métier ou tout au moins d'une usine; il faut en outre prévenir l'arrivée d'ouvriers étrangers. Par un système de terreur organisée, les associations anglaises ont essayé d'atteindre ce résultat. Il n'est moyen d'intimidation auquel elles n'aient eu recours. Il faut ici encore distinguer les corporations locales et les corporations nationales. Les premières n'ont reculé devant aucune violence et aucun crime ; les autres se sont montrées plus réservées, plus dissimulées, disons le mot, plus hypocrites.

Il est inutile de faire ici le récit des crimes de

Sheffield ou de Manchester: des ouvriers inoffen-
tifs tués à coups de fusil, des familles entières que
l'on fait sauter avec de la poudre, c'est là ce que
dans l'argot des unionistes on appelle *a job*, une
petite affaire. Il se trouve des hommes qui, à
prix débattu, se chargent de ces exécutions. Nous
avons les comptes des unions, et nous savons à
combien reviennent au XIXᵉ siècle les assassinats,
les incendies et autres méfaits. Les Saltabadils et
tous les spadassins de théâtre ou de roman sont
loin de vendre leurs services à si bon compte. Si,
dans une œuvre d'imagination, on lisait que deux
hommes se sont chargés, moyennant 37 francs
50 cent. chacun, de faire sauter dans sa maison
avec de la poudre une personne qui leur était in-
connue, on crierait à l'invraisemblance ; cependant ce fait et d'autres analogues sont démontrés
par l'enquête.

On connaît l'étrange épisode historique du
vieux de la montagne et des ismaéliens il y a huit
siècles. Poussés par l'espoir d'un paradis dont on
leur donnait un avant-goût terrestre, les disciples
fanatisés de ce mystérieux personnage se livraient
sans hésiter à tous les assassinats qui leur étaient
ordonnés. Les unions ouvrières ne manquent pas
davantage de séides ou de bandits. L'apologiste

de ces associations, M. Thornton, n'hésite pas à le reconnaître. « Dans toute grande union ouvrière, dit-il, il y a toujours des individus aussi disposés que les *carbonari* italiens ou les *ribandmen* écossais à exécuter tout ce que leurs chefs leur commanderont, pourvu qu'ils soient payés en conséquence. » Et ce n'est pas là une situation transitoire. Les membres de la commission d'enquête les plus favorables aux *trades unions* reconnaissent que les crimes de Sheffield ne forment que quelques anneaux d'une longue chaîne de méfaits. Ils avouent que les *blue books* qui contiennent les rapports des comités parlementaires de 1824, 1825, 1838, regorgent (*teem*) d'histoires aussi lugubres. Il paraîtrait même que les procédés des unionistes se seraient amendés : ils auraient renoncé à l'usage du vitriol pour défigurer ceux qui les gênent. En revanche, ils continuent à pratiquer les incendies; les faits de Thorncliffe, vieux de deux mois à peine, en sont la preuve. Il est des attentats qui sont plus odieux encore : tel est celui de faire sauter à coups de pouce les yeux de ceux qui entravent l'action des unions, *to gouge the eyes out.*

L'histoire d'Italie nous apprend que, du temps d'Alexandre VI, le duc de Gandia ayant été assassiné et jeté dans le Tibre par son frère César, on procéda à une enquête. Un batelier avait tout vu, et quand on lui demanda pourquoi il n'avait pas fait sa déposition plus tôt, il répondit qu'ayant connu dans sa vie un grand nombre d'aventures pareilles auxquelles personne n'avait fait attention, il n'avait pas cru que la dernière dût produire plus d'impression que les autres. Dans la récente enquête anglaise, il se passa quelque chose d'analogue. Un grand nombre d'ouvriers, interrogés sur des faits d'intimidation dont ils avaient été victimes, refusèrent d'abord de parler, puis déclarèrent qu'ils s'expliqueraient, si on leur donnait les moyens d'émigrer aussitôt après leur déposition. Quand on a réussi à inspirer cette terreur, il n'est besoin que de l'entretenir de loin en loin par quelques rares actes d'oppression. — Il est d'autres pratiques moins criminelles, mais d'un usage plus général : tel est le *rattening*, qui consiste à dérober à un ouvrier ses outils et à le mettre ainsi dans l'impossibilité de travailler.

Les grandes unions nationales se gardent d'encourager des méfaits aussi éhontés, c'est un mérite que nous leur reconnaissons ; mais entre leur conduite et celle des unions locales il n'y a qu'une différence de forme et de mesure. Leur politique repose aussi sur l'intimidation ; elles y apportent seulement plus de ménagements en apparence. Un de leurs procédés habituels est de défendre à leurs affiliés de travailler avec des ouvriers non unionistes. Il n'y a rien là qui puisse tomber sous le coup de la loi. Qu'on réfléchisse cependant aux conséquences de cette excommunication. Les grandes associations des mécaniciens et des charpentiers comprennent soit la moitié, soit les deux tiers des ouvriers de ces deux états ; or, les unionistes refusant de travailler dans le même atelier que les non-unionistes, il en résulte que ces derniers sont souvent dans l'impossibilité de trouver de l'ouvrage, ils sont réduits à une vie misérable. Parfois, avec des bras robustes et une volonté énergique, ils ne peuvent gagner le pain de leur famille. On nous dira que c'est là une contrainte morale, ce n'en n'est pas moins une évidente violation de la liberté du travail. M. Thorton, dans une remarquable page, a minutieusement décrit les effets de cette barbare interdiction. Il a fait ressortir que l'ouvrier non-unioniste était, par suite de cette mesure, réduit en une sorte d'esclavage, qu'il n'avait plus la disposition de sa personne, qu'il était dans un état aussi pitoyable que le nègre africain sous le fouet de son maître ;

mais le même écrivain, après nous avoir dépeint ces tortures, les déclare légitimes et n'adresse aucun reproche aux grandes unions qui en usent.

Il est un autre procédé auquel les unionistes ont recours, c'est une sorte de mise au secret des ouvriers qui leur déplaisent. Il est défendu aux affiliés de l'union de leur adresser la parole ou de répondre à leurs questions ; c'est ce que l'on appelle *envoyer à Coventry*. Toutes ces pratiques sont habituelles, et rentrent dans ce que l'on nomme le *fair play*, le jeu loyal. Ainsi, tandis qu'il n'est qu'une voix parmi les hommes libéraux pour blâmer les proscriptions en politique, les unions ouvrières les plus considérées remettent en honneur ce moyen barbare, et l'emploient sur la plus large échelle. Dans le cours même des grèves, l'on voit se produire, avec l'approbation des autorités des principales *trades unions*, des abus non moins criants. Quand une grève est décrétée, l'on entoure les usines mises en interdit d'une sorte de douane ou de cordon sanitaire formé par un certain nombre de délégués qui ont pour mission de détourner à tout prix, soit au moyen d'argent, soit même par la violence, les ouvriers étrangers que les patrons auraient pu recruter. Ce système, connu sous le nom de *picketing*, entraîne à sa suite un inévitable cortége de menaces et de rixes. La politique des grandes unions ne diffère donc pas, à tout considérer, de la politique des unions de bas étage; selon une heureuse expression de M. Stirling, elle a pour principe d'allier un maximum de compression avec un minimum de violation de la loi. Elle fait surtout un usage illimité de ce que les unionistes appellent eux-mêmes « les vexations pacifiques. »

Quels sont les résultats de tous ces efforts? La situation matérielle des ouvriers unionistes s'est-elle élevée en proportion de leurs sacrifices? Y a-t-il eu une hausse notable des salaires par suite de ces coalitions et de toutes ces mesures artificielles? La réponse est des plus difficiles. Il est hors de doute que la rétribution de l'ouvrier s'est accrue; les partisans des *trades unions* s'emparent de ce fait pour conclure à l'efficacité de leur système. C'est là cependant une conclusion précipitée et peu conforme aux règles de la saine logique. C'est une des plus belles harmonies de notre état social que la situation des travailleurs, même les plus infimes, ait une tendance à devenir meilleure à mesure que les moyens de production, les découvertes scientifiques, l'instruction générale, se perfectionnent.

Tous les pays civilisés confirment l'existence et la permanence de cette loi providentielle. Il est incontestable que depuis trente ans, dans toutes les contrées, dans toutes les professions, les salaires ont notablement augmenté. Les unions ouvrières ont-elles contribué à ce mouvement? Nous ne le pensons pas; un examen attentif des faits semble démontrer le contraire. Il est possible que certaines grandes unions aient pu faire monter momentanément et surtout nominalement la rétribution de l'ouvrier au delà du taux où l'aurait portée le cours naturel des choses; mais il ne faut pas être dupe de ce mirage. Qu'est-il arrivé, par exemple, pour les constructeurs de vaisseaux de la Tamise? Leur salaire a été poussé à 7 shillings à force de coalitions; mais l'industrie de la construction a déserté presque immédiatement cette contrée inhospitalière, la plupart des maisons se sont fermées, et celles qui restent ouvertes n'emploient plus que le dixième des bras qu'elles occupaient autrefois. Un grand nombre de forges du nord de l'Angleterre se sont affaissées également sous la pression des exigences intempestives et malavisées des ouvriers.

Les lieux où l'industrie est le plus prospère, c'est-à-dire où la condition du travailleur est le mieuxassurée, sont précisément ceux où les unions n'ont pas pénétré ou bien ont été vaincues : telles sont les rives de la Clyde pour la construction des navires. Il résulte de la déposition de M. Clarck, directeur des grandes forges de Merthyr-Tydvil, qui emploient 9,000 ouvriers, que les salaires n'ont cessé de monter dans cette exploitation, bien qu'aucune union n'y existât. « Je ne crois pas, dit M. Robinson, ingénieur des ateliers de construction de l'Atlas à Manchester, que ces unions aient beaucoup fait accroître les salaires dans leurs industries respectives; mais je suis intimement convaincu que leur tendance est de diminuer la somme de travail obtenue pour un certain salaire, et par conséquent d'accroître matériellement le coût de production. » C'est à cette opinion qu'il faut s'en tenir.

Sans profiter à l'ouvrier, l'unionisme a nui aux patrons, aux consommateurs, en un mot à tout le monde. On a calculé que les mesures arbitraires prises par les unions dans l'industrie du bâtiment renchérissaient de 35 pour 100 dans certaines localités, et spécialement à Manchester, le prix de revient d'une maison, et que le loyer de l'ouvrier qui est en moyenne de 4 shillings par semaine, pourrait tomber à 3 shillings, si ces règlements arbitraires n'existaient pas. Ainsi un renchérissement général du prix des choses sans une augmentation réelle des salaires, tel est le précieux résultat qu'ont amené tant d'ingénieuses combinaisons. Ajoutons que les plus éminents industriels se trouvent découragés et rejetés avant le temps en dehors des affaires. Des Trollope, des Nasmyth, les hommes les plus éclairés et qui faisaient faire le plus de progrès à leurs arts, déclarent se retirer dix ans plus tôt qu'ils n'en auraient eu l'intention. Le capital émigre et va chercher dans les pays étrangers une destinée moins agitée; les commandes continentales désapprennent la route d'Angleterre et s'adressent à la France, à la Belgique ou à l'Allemagne du Nord. Le trouble apporté dans les relations commerciales, l'incertitude dans les livraisons écartent les consommateurs étrangers. Si l'industrie des machines a pris en France, depuis dix ans, un si grand essor, ce n'est pas seulement aux acquits à caution qu'elle le doit, c'est surtout à l'appui indirect que lui prêtaient les *trades unions* anglaises, à la prime qui résultait en sa faveur de l'état de chômage ou de désorganisation des grandes usines britanniques. Voilà ce que les faits établissent.

Il est faux de dire que les salaires sont plus

élevés pour les ouvriers unionistes que pour les non-unionistes; cela ne pourrait être exact que pour les localités où les membres des unions, étant en très-grand nombre, refusent de travailler avec les autres ouvriers, et rejettent par conséquent ceux-ci en dehors des ateliers, les réduisant à l'état de parias. Il y a des unions parmi les fileurs, il n'y en a pas parmi les tisseuses, et les salaires de ces dernières n'ont pas suivi une moindre progression que ceux des premiers. Il y a telles usines métallurgiques à Wolverhampton où, de 1831 à 1860, la rémunération de la main-d'œuvre semble être restée stationnaire; il en est de même pour les briquetiers de certaines villes comme Newcastle. Au contraire, les journaliers agricoles, qui continuent à traiter isolément avec ceux qui les emploient, ont vu le prix de leur travail s'élever de 25 pour 100. M. Stirling nous fait remarquer que la même hausse s'est produite dans la solde des volontaires pour l'armée, quoiqu'il n'y ait aucune coalition possible entre les malheureux qui traitent avec le sergent recruteur. Enfin les gages des domestiques ont éprouvé le même mouvement ascensionnel, et la plus abandonnée des servantes à tout faire a vu hausser son salaire d'une manière plus

rapide que le plus intraitable des ouvriers mécaniciens.

Comment, d'ailleurs, l'unionisme pourrait-il
avoir une efficacité? Son unique chance de succès
était d'opposer aux patrons isolés une ligue compacte des travailleurs. Mettre successivement en
interdit toutes les différentes usines de l'Angleterre, les vaincre l'une après l'autre, c'était un
plan ingénieux, mais qui est à tout jamais dé-
joué.

Les coalitions d'ouvriers ont amené des coalitions de patrons. Malgré toutes les difficultés
que présentait un tel projet, les industriels anglais sont parvenus à se concerter et à former
une ligue défensive. Ils ont imité la stratégie de
leurs adversaires et n'ont été que trop loin dans
cette voie. Ils ont eu, comme les ouvriers, leurs
listes de proscription; ils ont établi entre eux
une complète solidarité. Dès que les ouvriers
d'une usine se mettent en grève, tous les industriels du même district renvoient leur personnel et ferment leurs ateliers; cela s'appelle un
lock out. Il y en a eu une multitude d'exemples en Angleterre. Ce sont là des représailles sau-
vages, mais nécessaires. On devine ce que devient l'industrie avec de pareils procédés.

Lesrèglements de plusieurs de ces unions de maîtres sont curieux à étudier. Telle est l'*Association des fabricants de fer du nord de l'Angleterre.* Chaque industriel assure contre la grève tout ou partie de ses fours à puddler, en s'engageant par écrit à payer, sur la réquisition du secrétaire, une somme déterminée par le nombre de ses fours et le rendement qu'il leur assigne. Si ses ouvriers le quittent, l'association lui paye, selon l'assurance, 4 liv..sterl. (100 francs) ou 3 liv. sterl. (75 fr.) par semaine et par four. Cette subvention est prélevée sur les fonds souscrits par les autres membres. L'encaisse de cette association se montait, en 1866, à 1 million 200,000 fr.

Dans les corporations de maîtres moins bien organisées, les industriels parviennent cependant à s'entendre pour se soutenir et empêcher les membres les plus faibles de fléchir sous le poids des effets à payer, des remboursements et des livraisons à faire, ou des dommages-intérêts de retard à solder. Voilà ce qu'ont produit les *trades unions.*Ouvriers et patrons ne contractent plus individuellement; ils s'organisent en armées formidables et compactes; c'est la grande guerre avec tous ses fléaux, ou plutôt, selon l'expression de M. le comte de Paris, c'est un de ces duels japonais où chaque combattant doit se donner la mort de sa propre main.

Si inefficaces au point de vue matériel, les *trades unions* exercent-elles une influence appréciable sur l'intelligence et la moralité des travailleurs ? C'est ici que les partisans de l'unionisme se vantent d'un triomphe incontesté. N'est-il pas vrai, disent-ils, que les habitudes de l'ouvrier gagnent à cette organisation austère, que c'est une saine et fortifiante discipline qui trempe les esprits et les âmes, les tire des vulgarités de la vie journalière pour leur ouvrir des horizons infinis ? Voilà un jugement auquel nous ne saurions souscrire. Au point de vue du métier, l'unionisme forme de mauvais artisans ; il entrave l'instruction professionnelle par ses règlements sur l'apprentissage, décourage le zèle de l'ouvrier, arrête et punit comme un crime la noble ambition de s'élever. N'est-ce pas lui qui, lors de la discussion de la réforme électorale, émettait ce principe, que les ouvriers économes sont des égoïstes qui ne méritent pas d'être électeurs ? A un point de vue plus général, il dégrade l'homme, l'asservit, lui ôte l'initiative et jusqu'à la liberté naturelle de penser et de se conduire. C'est un joug écrasant qui anéantit la personne humaine. De même que les membres d'une Société célèbre, l'ouvrier unioniste est instruit avant tout à l'obéissance ; il doit se soumettre *ut cadaver.* Les mêmes hommes qui n'ont pas assez de critiques, et nous ne saurions les en blâmer, contre la centralisation administrative regardent comme une école bienfaisante pour l'ouvrier d'être noyé dans une de ces vastes agrégations, asile de tous les despotismes.

D'ailleurs on ne peut considérer l'unionisme sans le cortége de désordres qui le suit. Ainsi que toutes les mauvaises plantes, il porte partout avec lui des parasites nuisibles. En dehors des cadres des unions, il y a des agitateurs de profession, des entrepreneurs de grèves, qui jouent un grand rôle en Angleterre. Ce sont des aventuriers qui lèvent des corps francs, servent toutes les causes moyennant finances, et qui, au mieux de leurs intérêts personnels, tantôt poussent les ouvriers à se mettre en chômage, tantôt se font payer par les patrons pour les engager à rentrer dans les usines. Cette déplorable industrie gagne du terrain, et, nous dit M. Thornton, on ne manque jamais de la rencontrer partout où l'unionisme fleurit.

Il ne suffit pas de constater le mal social, il faut encore indiquer ou tout au moins chercher le remède, — tâche difficile, poursuite ingrate. — Les commissaires de l'enquête anglaise y ont donné tous leurs soins, ils ne sont pas parvenus à satisfaire l'attente de l'opinion publique ; on les a accusés d'irrésolution, on leur a reproché des compromis et des demi-mesures. Nous ne saurions nous montrer sévère pour cette hésitation légitime dont se sentent saisis les esprits les plus décidés en face de l'intensité de la crise et de l'insuffisance des palliatifs. Il n'est pas plus aisé de faire cesser l'état de guerre industriel que de mettre fin à l'état de guerre politique. En pareille matière, les solutions et les projets sont d'une conception commode et d'une application le plus souvent impossible : ils valent en pratique les rêves de paix perpétuelle formés au dernier siècle par l'abbé de Saint-Pierre ; mais, si l'on ne peut espérer expulser immédiatement et à tout jamais ce fléau des grèves et des luttes entre ouvriers et patrons, il est des adoucissements dans le droit des gens, des acheminements à une pacification définitive qu'on peut sans utopie découvrir, et qui n'exposent à aucune déception.

La situation des *trades unions* devant la loi et la société était, jusqu'à ces derniers temps, mal définie. Si libérale que soit dans son ensemble la

législation anglaise, elle a toute une réserve et
comme un arsenal de vieux statuts non abrogés
qui sont, à l'occasion, des armes de despotisme et
d'iniquité. Depuis un demi-siècle, les coalitions
sont permises en Angleterre; mais des bills
surannés qui n'ont pas été rapportés défendent,
sous des peines sévères, la *conspiracy* et le *restraint of trade:* — on appelle ainsi toute mesure
propre a entraver les échanges et à troubler le
cours naturel de l'industrie. Un grand nombre
des procédés adoptés par les *trades unions* tom-
baient dans cette catégorie de délits punissables :
ainsi le *picketing* ou l'établissement de sentinelles
autour des usines mises en interdit était un acte
de *restraint of trade.* Il en résultait que très-souvent les ouvriers, usant du droit que la loi leur
reconnaissait de se mettre en grève, pouvaient
être recherchés et condamnés pour des pratiques
accessoires et presque inséparables des coalitions.

Cette législation était dangereuse, parce qu'elle
était à la fois inefficace et irritante; rien d'imprudent comme de donner en essayant de retenir.
Dans une époque démocratique, comme la nôtre,
il faut que les situations soient franches; mieux
vaut la compression avouée que ce mélange
hybride et malfaisant de lois officiellement libé-

rales et de pratiques hypocritement restrictives. Voici surtout où était l'iniquité : d'après la législation anglaise, les associations qui encouragent le *restraint of trade* sont privées du bénéfice de posséder et de celui d'ester en justice. Ainsi les *trades unions*, presque sans exception, par cette seule raison qu'elles attaquaient le travail à la tâche ou qu'elles voulaient limiter le nombre des apprentis, étaient mises hors la loi; si leurs fonds de réserve étaient volés par les fontionnaires ou les caissiers qui en avaient la garde, elles ne pouvaient ni faire condamner les prévaricateurs, ni récupérer leurs biens. Un grand nombre de faits de ce genre se présentèrent, et, si prouvés qu'ils fussent, les tribunaux refusèrent justice aux *trades unions*; on pouvait avec impunité dérober leurs trésors.

On conçoit les rancunes et les haines que cet état de choses devait susciter. Mises au ban de la société, les unions lui rendaient au centuple l'hostilité dont elles étaient victimes. L'unanimité des commissaires de l'enquête a reconnu qu'il fallait sortir de cette situation aussi compromettante qu'injustifiable. Tous ont proclamé qu'on devait accorder aux associations ouvrières la reconnaissance légale et les faire enregistrer comme les autres compagnies de commerce ou de bienfaisance [1]. Cependant la majorité des commissaires a voulu faire de cette patente légale un droit non pas absolu, mais conditionnel. Pour l'obtenir, on voudrait exiger des unions la preuve qu'elles renoncent à limiter le nombre des apprentis, à prohiber le travail à la tâche, à défendre à leurs affiliés de travailler avec les ouvriers non unionistes ; on voudrait aussi engager les *trades unions* par l'appât de faveurs supplémentaires à séparer complétement les fonds qui servent aux grèves et les fonds qui sont destinés aux secours mutuels.

Ces intentions sont bonnes et louables ; si elles pouvaient être efficaces, nous ne leur ménagerions pas notre approbation. Dans l'état actuel, nous ne saurions admettre les restrictions qu'on propose ; ce sont de pauvres moyens, en complète disproportion avec la fin qu'on désire. On n'amènera pas ainsi les associations ouvrières à s'amender ; on les irritera davantage, on accroîtra leurs rancunes, on augmentera les sympathies déjà trop fortes qu'elles rencontrent dans les classes laborieuses. La seule mesure à laquelle des hom-

1. Voyez notre article, dans la *Revue des Deux-Mondes* du 1er décembre 1869, sur la législation anglaise en matière de sociétés.

mes sérieux puissent s'arrêter, c'est de faire cesser l'iniquité flagrante qui permet de voler avec impunité les *trades unions;* c'est là une innovation nécessaire, mais il importe de n'en pas détruire l'effet par des restrictions inutiles.

En acquérant une situation légale, il faut espérer que les associations ouvrières anglaises adouciront un peu leurs procédés. En tout cas, s'il importe de laisser se produire au grand jour les doctrines, quelque perverses ou erronées qu'elles puissent être, il est du devoir du gouvernement de punir et de prévenir les délits et les crimes. Il faut que les ouvriers non-unionistes sachent que la force sociale les protége. L'administration anglaise s'est montrée trop timide et la justice trop impuissante dans toutes ces grèves et tous ces désordes qui ont rempli l'Angleterre. Le devoir de la police et de l'armée n'est pas seulement de maintenir la sécurité des routes et des domiciles contre les brigands et les voleurs, c'est encore d'assister les faibles dans les luttes professionnelles et de mettre les dissidents à couvert de toutes les vexations dont ils sont le plus souvent victimes. Aussi faut-il approuver sans réserve l'idée émise par l'unanimité des commissaires, d'instituer un ministère public pour poursuivre d'office les ouvriers qui se rendent coupables de violence ou de menaces contre leurs camarades.

Les membres de la commission d'enquête ont aussi grande confiance dans l'efficacité de tribunaux de conciliation composés mi-partie de patrons, mi-partie d'ouvriers, et qui interviendraient à l'annonce d'une grève pour essayer de la prévenir. C'est là un espoir trop philanthropique pour n'être pas encouragé dans une certaine mesure. Il est utile que des délibérations et des conférences précèdent ces grandes guerres industrielles ; mais il ne faut pas se dissimuler que très-souvent toutes ces tentatives d'accord préalable échoueront misérablement. Il faudrait de part et d'autre une transformation dans les mœurs pour que l'entente entre les ouvriers et les patrons fût toujours possible. Si l'on peut souhaiter cette transformation et y travailler, il serait chimérique de l'attendre dans un prochain avenir. Tout au moins doit-on repousser les procédés irritants et inefficaces : aussi nous n'hésitons pas à condamner le conseil donné par le *Times* et suivi par un grand nombre d'industriels, d'expulser des ateliers tous les ouvriers qui ne renonceront pas formellement aux unions. Ce n'est pas par de tels moyens qu'on résoudra le problème.

Une question se pose encore devant nous : quel est l'avenir réservé aux *trades unions?* Doivent-elles périr, s'amender ou rester dans le *statu quo?* Il est impossible de supposer qu'elles soient destinées à promptement disparaître. Elles ont une vitalité qu'on ne peut nier. Pourront-elles se modifier de manière à n'être plus un péril social? Selon l'expression de M. le comte de Paris, le cheval de bataille ne pourra-t-il pas un jour s'atteler à la charrue? C'est là une éventualité que l'on peut admettre. Oui, au bout d'un certain nombre d'années, quand il aura traversé bien des guerres, reçu bien des coups, éprouvé bien des déboires, quand il sera usé, exténué, abattu, peut-être alors l'unionisme voudra-t-il s'assagir, quitter ses vastes projets de conquêtes et de gloire, travailler à une œuvre plus modeste, plus régulière et plus fructueuse.

Il y a dans l'unionisme deux mauvaises choses : les grèves et la discipline despotique ; il y a, au contaire, un germe excellent : c'est l'assurance, les secours mutuels en cas de maladie, de chômage forcé, de pertes d'outils, les primes à l'émigration, les retraites. Cela peut être développé sur une vaste échelle, il n'y aurait même pas besoin que les cotisations fussent notablement augmen-

técs; si elles renonçaient aux grèves, les associations ouvrières recevraient des dons, des legs, qui
les mettraient à flot. Nulle part l'assurance n'a été
instituée d'une manière aussi large et compré-
hensive que dans les *trades unions*; il serait possible, par la solidarité établie entre les sociétés des
différents métiers, d'amortir le coup des crises
commerciales qui affectent si cruellement, à des
intervalles presque réguliers, les ouvriers de nos
grandes industries.

Voilà les fruits bienfaisants dont l'espoir nous
est permis; mais ne nous faisons pas illusion, la
sagesse n'entre dans le cœur des hommes qu'à la
suite des malheurs et des épreuves. Ce sont les
verges des événements qui corrigeront et redres-
seront l'enfance de ces associations exubérantes.
Nous sommes en pleine guerre industrielle, nous
y serons de longues années encore. Avant d'arriver à cette période bienfaisante de maturité et
de repos, il est à craindre que les *trades unions*
ne s'organisent d'une manière plus compacte pour
le combat à outrance.

CHAPITRE III

Un certain nombre d'écrivains, enclins à l'optimisme ou désireux de popularité, ont émis, dans le courant de l'année 1869, l'opinion fort hasardée que les *trades unions* étaient sur le point de se convertir aux saines doctrines économiques. C'était une erreur regrettable. M. Thornton, qui connaît mieux que personne les idées des unionistes et qui les défend, se gardait bien de dire que la phase militante des associations ouvrières touchât à sa fin. Il déclarait, au contraire, que les différentes unions devaient former entre elles une fédération nationale, puis nouer des relations avec les sociétés analogues de l'étranger, et arriver ainsi à constituer une immense ligue des ouvriers d'Europe et d'Amérique, en vue non pas sans doute de supprimer le capital, que les radicaux eux-mêmes reconnaissent pour

un agent nécessaire, mais de lui dicter des lois
et de l'asservir dans tous les pays civilisés. Essayant de préciser le moment où ce précieux résultat sera atteint, l'écrivain anglais espérait, en
1869, qu'au train actuel des choses il ne faudrait
pas plus de cent ans. C'était nous laisser beaucoup
de répit.

Depuis quelque temps déja les *trades unions*
avaient cherché à se rapprocher les unes des autres, tandis qu'elles restaient autrefois cantonnées
dans leurs corps d'état respectifs. L'on avait vu,
pendant ces dernières années, des sociétés de métiers différents se prêter assistance en cas de
grève. L'association des ouvriers de Londres,
sous la direction de M. Potter, l'un des membres
influents de l'ancienne ligue pour la réforme électorale, avait émis la prétention de devenir le re-
présentant suprême des unions formées dans les
diverses industries. Quelques corps d'état, comme
les tailleurs de Londres, étaient entrés en rapport
avec les ouvriers de Paris, de Berlin et de Genève.
L'on voit que le mouvement, qui portait les différents groupes d'artisans à se concerter et à se
lier les uns aux autres, n'est pas arrivé à la
dernière période. Il serait même juste de le considérer comme ne faisant que commencer.

La manifestation la plus éclatante des aspirations et des espérances ouvrières a été la constitution de l'*Association internationale des travailleurs*. Née dans l'ombre, il y a quelques années, elle s'est fait connaître d'abord par le retentissement des congrès qu'elle a tenus en Belgique et en Suisse, et où elle a proclamé les doctrines les plus subversives, n'hésitant pas à jeter audacieusement le gant à la société moderne. L'on put douter quelque temps que cet embryon de ligue ouvrière universelle fût appelé à un développement considérable. Le scepticisme et la somnolence des classes élevées et moyennes ne s'émut en rien des manifestes les plus effrayants et d'une propagande à ciel ouvert. Il est indispensable à notre sujet de nous arrêter sur cette gigantesque association, dont on est aussi porté aujourd'hui à grandir le prestige et le rôle qu'on était enclin naguère à les déprécier. Ainsi, dans notre société futile, les exagérations se suivent en sens contraire : le sang-froid est la qualité qui manquera toujours à notre peuple.

Quoique sortie des *trades unions* et ayant conservi avec elles les rapports les plus étroits, l'*Association internationale* en diffère cependant par plusieurs points qu'il est important de signaler. En Angleterre, les sociétés d'artisans sont nées de l'instinct populaire, et se sont formées isolément dans tous les centres industriels; puis elles ont grandi peu à peu pour se rapprocher successivement les unes des autres et devenir en cinquante ans des puissances considérables. L'*Association internationale*, au contraire, a été conçue dans le cerveau de quelques ouvriers ambitieux: elle s'est formée comme un état-major sans armée ou comme une administration sans administrés. Elle n'avait, au début, qu'un personnel d'agitateurs. Elle ressemblait assez à une ville que des spéculateurs auraient bâtie pour y attirer des habitants; ceux-ci, après avoir tardé quelque temps à venir, auraient bientôt afflué par suite d'événements exceptionnellement favorables. Quoi qu'il en soit, l'*Internationale* gardera longtemps encore la trace des conditions au milieu desquelles elle s'est constituée: sa grandeur est plus apparente que réelle, elle est plus spacieuse que forte, comme toutes les créations improvisées, qui n'ont pas reçu encore la sanction du temps.

Un autre trait distingue l'*Association internationale* des *trades unions*. Ces dernières n'ont pas rédigé un programme philosophique ou économique; elles luttent contre les patrons, non pour exterminer le capital et le remplacer par des combinaisons artificielles, mais seulement en vue d'obtenir chaque jour des conditions meilleures. Leur politique est empirique, dégagée non pas de tout parti pris, mais de tout système. L'*Internationale*, au contraire, a une doctrine, un *credo*, un plan de palingénésie, une philosophie sociale; elle parle un langage sibyllin et elle affecte des prétentions illimitées. Aussi, tandis que les *trades unions* sont de redoutables instruments d'action matérielle, l'*Association internationale*, s'il elle eût été abandonnée à elle-même et si elle n'eût pas trouvé des alliés inespérés dans les partis et dans les événements politiques, n'aurait été qu'un élement d'agitation morale. Les *trades unions* ont de nombreux corps de troupes, bien organisées et bien disciplinées, qui opèrent avec décision et avec ordre sur tous les points du territoire anglais; l'*Association internationale* n'a que des cadres, qui lancent des manifestes, font des plans de campagne, mais dont l'armée n'est qu'une vaste cohue, une multitude sans lien, sans cohésion, sans force de résistance. Il a fallu des désastres inouïs, une débâcle politique et nationale, sans exemple dans l'histoire, pour donner à cette association une grande puissance et un grand rôle sur la scène du monde.

Encore doit-on dire que cette puissance et ce rôle ont été bien moindres en réalité qu'en apparence. L'imagination des Français, surexcitée par les violences et les crimes de Paris, a voulu voir dans ces excès l'exécution d'un complot prémédité, combiné avec art et persévérance, et qui serait tout entier l'œuvre réfléchie de l'*Association internationale*. Un examen attentif des faits démontre l'inexactitude de cette appréciation. Parmi les membres du Comité central, qui fit la révolution du 18 mars, et parmi les membres de la Commune de Paris, ce n'est que la minorité qui appartient à la célèbre Société ouvrière ; les autres sont des bourgeois, des déclassés, des journalistes, des aventuriers de toutes sortes, ambitieux de bas étage, gens sans aveu, *condottieri* politiques n'ayant subi aucune affiliation à l'*Association internationale des travailleurs.* Assurément cette dernière doit porter dans une large mesure la responsabilité des événements de Paris ; mais elle n'a joué que le rôle d'appoint dans cette armée de révolutionnaires et de malfaiteurs, auxquels les fautes de la nation et du gouvernement ont livré Paris pendant deux mois. Tous ces repris de justice, tous ces ambitieux du demi-monde littéraire, tous ces fruits secs des écoles et de l'armée tous ces étrangers et émigrés sans ressources et sans patrie, ce ramassis enfin d'éléments pervers, mais de diverses origines et de diverses natures, tels sont les auteurs multiples de la révolution du 18 mars. L'*Association internationale des Travailleurs* n'eût pas existé que ce coup de main heureux ne s'en serait pas moins accompli avec succès. C'est folie de chercher dans ce drame parisien une unité d'action : tout y porte la trace, au contraire, du défaut d'organisation, du manque de direction, de l'absence de plan et de doctrine. Ce fut simplement une édition nouvelle de l'insurrection de juin : elle s'accomplit seulement dans des circonstances plus propices, avec la complicité d'une notable partie de la petite bourgeoisie, et elle fut secondée par la défection des premiers régiments, que l'on chargea de la répression.

Jusqu'à la guerre de 1870, l'*Internationale* manquait complétement de cohésion ; elle eût été incapable de faire la moindre tentative contre le pouvoir et contre la société. Il ne faut pas grandir l'ennemi outre mesure et le transformer en fantôme gigantesque : éloignons cette fantasmagorie. En 1870, l'*Internationale* n'était encore qu'une confrérie, une franc-maçonnerie nouvelle, faisant une propagande active, recrutant des adhérents avec rapidité dans les centres industriels, mais manquant absolument de l'organisation nécessaire pour avoir une force effective. Nous avons sous les yeux un véritable manifeste, lancé dans le public, à l'occasion de la grève du Creuzot. On y trouve la preuve que la célèbre Société ouvrière était encore à l'état d'incubation. Voici quelques passages de cet important *factum*. On commence par y déclarer que « la grève du Creuzot ne recevant pas son mot d'ordre de Paris et ne s'appuyant pas sur les fédérations ouvrières parisiennes, dont l'importance grandit tous les jours, ne peut ni s'étendre ni se prolonger. » L'on entre ensuite dans quelques détails sur le travail latent, qui s'opérait alors parmi les populations ouvrières. « Tous les ouvriers de Paris tendent de plus en plus à former une vaste fédération de travailleurs organisés hiérarchiquement, et ayant à sa tête un véritable ministère responsable chargé de résister au capital et de lui faire concurrence. Bien convaincus que le *droit* c'est la *force*, et que la *force* c'est l'*ordre*, ils se sont surtout préoccupés jusqu'ici d'organiser l'*ordre* dans les masses, et l'on peut dire qu'ils ont presque atteint leur but....... Ils se sont servis du droit de réunion pour reconstituer sur de nouvelles bases les corporations féodales des corps et métiers que 1789 avait abolies, afin de livrer les travailleurs pieds et poings liés à la féodalité financière..... Loin de se haïr comme les corporations féodales, les corporations nouvelles se donnent la main les unes aux autres, et tendent à réaliser un vaste plan de fédération ouvrière, représentée par un véritable parlement ouvrier.... Leur but est non pas d'amener le capital à composition, mais de l'exclure et de lui substituer le capital collectif de la fédération ouvrière. »

Ce précieux document n'hésitait pas à reconnaître les défaites et à signaler les mécomptes de la première heure. On y lit les révélations suivantes, qui font connaître de la manière la plus exacte l'état de l'*Association internationale*, au commencement de l'année 1870. « On peut dire que pour le moment l'ère des grèves est close. La fédération ouvrière se recueille, économise et s'organise. *Pour elle, comme pour tout grand corps militant, la liberté ne peut être que dans la discipline.....* Elle fonde de vrais clubs à l'anglaise, qui sont à la fois cercles, restaurants, bibliothèques et cafés. Elle cherche à cumuler tous les profits qu'une foule de spéculateurs avides réalisent sur l'ouvrier isolé et sans appui, et elle lui procure en même temps des bureaux de placement. Ainsi, tout doit profiter à la masse ouvrière et se centraliser entre les mains de ses délégués..... Les travailleurs posent sans bruit les assises de fondation d'*un nouvel édifice social, créé exclusivement pour eux et par eux*..... Leur premier capital a été gaspillé en épreuves stériles, mais instructives. Dès que celui qu'ils auront reformé avec leurs économies leur paraîtra suffisant, nous verrons recommencer entre le capital ouvrier et celui des patrons une lutte dont toutes les grèves précédentes ne sauraient nous donner une idée : la lutte du nombre organisé et discipliné contre l'oligarchie financière qui a succédé à la vieille féodalité du moyen âge, lutte d'intelligence contre intelligence, et de capitaux contre capitaux, lutte virile, sérieuse et loyale, qui doit asseoir définitivement les bases de la démocratie moderne. »

Tels sont les passages les plus marquants d'un manifeste de l'*Internationale,* au commencement de l'année 1870. On pouvait y trouver à la fois des motifs d'inquiétude et d'espoir : ce langage, en effet, était celui d'hommes aussi pleins d'ambition que vides de ressources. Une politique de vigilance, également exempte de faiblesse et de ri-

gueur, était la seule qui fût alors adaptée aux circonstances. Le danger social n'était pas prochain,
mais il était certain dans l'avenir. Des événements
inouïs vinrent rapprocher la crise. Les effroyables
catastrophes nationales, l'effondrement de toute
autorité publique, l'aveuglement et même la complicité du parti qui parvint au pouvoir en septembre 1870, les passions surexcitées par les
souffrances, le relâchement de la discipline de
l'armée, toutes les circonstances en un mot favorisèrent une éruption populaire, qui eût été longtemps et facilement contenue dans des conditions
plus normales.

Et maintenant que l'on a sous les yeux les
ruines de la guerre civile, l'on est comme affolé
par tous ces malheurs. L'on prête à cette association naissante et encore débile une force et un
prestige inouïs; l'on ne veut voir que sa main, réfléchie et froide, dans ces violences que l'on suppose calculées et préméditées : l'on est presque
sur le point de croire la société à jamais perdue.
Ayons donc plus de sang-froid devant le péril,
tenons compte des circonstances exceptionnelles
qui ont centuplé la force de l'insurrection d'hier.
Demandons-nous quelle est la puissance intrin-
sèque de l'*Association internationale*, quelles

sont les ressources dont elle dispose par elle-même, quels sont les efforts et les succès dont elle sera capable, quand elle n'aura pas à son service des alliés inespérés et des événements impossibles à prévoir.

Bien des écrivains, dans ces derniers temps, ont fait la monographie de l'*Association internationale des travailleurs*. Mais la plupart manquaient des connaissances économiques nécessaires pour apprécier sainement le rôle et l'avenir de cette vaste confrérie ouvrière. Nous renvoyons, cependant, ceux de nos lecteurs, qui voudraient se familiariser avec l'histoire de cette Société, aux deux ouvrages de M. Oscar Testud et de M. Edmond Villetard. Le premier est une sorte de répertoire consciencieux, où se trouvent recueillis et enregistrés, presque au hasard, tous les documents qui concernent la naissance et le développement, les principes et les actes de l'*Internationale*. L'autre est un exposé plus méthodique, plus clair, contenant plus de vues d'ensemble et donnant une idée plus exacte de la constitution réelle de cette Société si redoutée. Quant à nous, il nous suffira de quelques pages pour décrire les principaux rouages et l'esprit de l'institution.

L'origine de cette association funeste est étroitement liée à l'une des manifestations les plus éclatantes de la civilisation contemporaine. C'est à l'exposition de Londres de 1862, que remonte, en effet, la création de cette nouvelle franc-maçonnerie. Le gouvernement et la bourgeoisie de France rivalisèrent de générosité et d'imprévoyance, pour envoyer à cette solennité européenne un certain nombre de délégués des différents corps de métiers. Que d'espérances ne fondait-on pas sur l'arrivée et le séjour à Londres de l'élite des travailleurs manuels de nos grandes villes! Quel source d'apaisement, de progrès pacifique, de développement intellectuel et moral allait être, croyait-on, cette mission d'un nouveau genre? Il semble qu'une destinée cruelle prenne un impitoyable plaisir à faire tourner contre le repos de notre société les inspirations les meilleures et les plus désintéressées. Le gouvernement, qui avait payé les frais de voyage de ces délégués ouvriers, fut, à quelques années de là, renversé par eux et traîné dans la boue. La bourgeoisie, qui s'était cotisée pour leur faciliter des loisirs studieux, fut bientôt en butte à leurs attaques les plus vives.

C'est le 5 août 1862 que « la fête de la fraternisation internationale » réunit tous les délégués ouvriers à la taverne des francs-maçons à Londres. Il y eut entre les frères anglais et les frères français un échange d'adresses, modérées dans la forme, radicales au fond. Les ouvriers français émirent le désir de voir des comités ouvriers s'établir « pour l'échange des correspondances *sur les questions d'industrie internationale*. » Ces derniers mots n'étaient qu'un euphémisme sur le sens duquel aucun des assistants ne prenait le change : chacun comprenait que la guerre au capital et l'organisation des grèves devait être le but à la fois et le résultat de ces nouvelles relations internationales. Un certain nombre de délégués français restèrent à Londres pour constituer le noyau central de la fédération qu'on projetait ; ceux qui revinrent en France y rédigèrent ces rapports ouvriers si précieux sur l'exposition de 1862 : documents intéressants au premier chef, pleins de récriminations et d'attaques mal déguisées contre l'industrie moderne. L'optimisme du gouverment et de la bourgeoisie n'y prit garde : des écrivains dilettantes, appartenant indistinctement aux divers partis politiques, firent l'éloge de ces cahiers de la démocratie, qui étaient d'ailleurs écrits en fort bon style, avec clarté, précision et méthode. Ces qualités extérieures exerçaient comme une fascination sur les esprits éclairés et naïfs, qui s'occupaient alors du sort des populations ouvrières. Parce que les délégués ouvriers à l'exposition de Londres parlaient le langage pur et raffiné de la science et de la bonne compagnie, l'on s'abandonnait à l'illusion qu'ils n'étaient pas à craindre et qu'ils ne pouvaient nourrir de mauvais desseins.

C'est ainsi que naquit l'*Associaiton internationale des travailleurs*, création tout ouvrière, à laquelle demeurèrent étrangers dans l'origine tous les conspirateurs politiques connus. M. Mazzini, M. Ledru-Rollin, et même Blanqui, Raspail ou Barbès n'avaient pas la moindre part à cette fondation démocratique. Plus tard, le hasard des événements fit que l'*Internationale* resta moins pure de tout alliage, et que les aventuriers politiques appartenant de près ou de loin aux classes élevées apportèrent l'appoint de leurs forces à cette société exclusivement ouvrière. L'*Internationale* était née sous une bonne étoile. A partir de son apparition sur la scène du monde jusqu'au 18 mars 1871, tous les événements semblèrent préparés pour en favoriser le développement et la fortune. La somnolence du gouvernement et de la bourgeoisie ne se dissipa pas un seul instant pendant toute cette période. D'un autre côté, les diplomates entreprenants et persévérants, qui avaient mis au jour la nouvelle franc-maçonnerie, profitèrent à merveille des circonstances les plus graves et les plus minces pour accroître la prospérité et la vitalité de leur œuvre. Tout leur servit à cette fin : et la faveur des pouvoirs publics et les persécutions, et la liberté et les procès de presse, et la sécurité de la paix et les malheurs de la guerre.

Aux élections de 1863, l'on voit les ouvriers parisiens porter la candidature de M. Tolain, ciseleur, l'un des agents les plus actifs de l'*Internationale*. La loi des coalitions est votée en 1864 : les ouvriers devaient user largement des moyens qu'elle leur donnait, et les tribunaux ou le gouvernement allaient suspendre systématiquement l'application des pénalités qu'elle prononçait dans les cas d'abus. Est-ce une coïncidence fortuite ? C'est dans cette même année 1864, le 28 septembre, dans Saint-Martin's Hall à Londres, que furent définitivement arrêtés les statuts de la Société nouvelle.

Pour peu que les pouvoirs publics et les classes éclairées eussent eu de prévoyance, il eût été facile sans rigueurs exceptionnelles d'empêcher en France le développement de cette association dangereuse. L'on pouvait arrêter la propagande à sa source. Mait tout le monde, au contraire, y prêta les mains.

C'a été le principal vice du dernier règne de suivre à l'intérieur une politique machiavélique, essentiellement dissolvante et désorganisatrice. La maxime de « diviser pour régner » fut appli-pliquée, pendant près de dix-huit ans, avec une logique inexorable. Les hommes d'État à courte vue et sans principes, qui dirigeaient alors en sous-ordre nos destinées, exagérèrent encore sur ce point les tendances de leur maître. Ce fut à l'é-gard des populations ouvrières une conduite pleine de flatteries et de flagorneries intéressées. L'on ne songeait qu'à opposer les travailleurs ma-nuels à la classe bourgeoise que l'on supposait libérale et frondeuse. Pendant les premières an-nées de son existence, l'*Association internatio-nale* était vue avec faveur dans les régions offi-cielles : on la regardait presque comme une alliée. Elle fut l'objet d'une tolérance mal dissimulée : elle prit ainsi racines à l'ombre du pouvoir. Peu s'en fallut que ces complaisances secrètes ne se convertissent en protection avouée. M. Rouher se mit en frais de coquetterie vis-à-vis de cette asso-ciation pernicieuse. Il lui proposa une sorte de traité, en vertu duquel elle aurait joui librement de tous les moyens de propagande, moyennant qu'elle consentirait à adhérer au gouvernement impérial et à brûler en son honneur un peu d'encens. Ces avances furent repoussées par les diplomates de l'*Internationale :* la Société avait eu le temps de se former et de croître ; des engagements trop explicites et des formules de reconnaissance envers le pouvoir complice auraient compromis l'avenir de l'œuvre, qui pouvait désormais se passer d'appui.

La bourgeoisie se prêta au même jeu avec une égale crédulité. Que l'on se reporte à la campagne en faveur de la coopération et aux premières réunions publiques. Que d'espérances l'on fonda sur le système coopératif ! Combien ces illusions furent entretenues par les hommes les plus éclairés en apparence ! Et cependant ce mouvement coopératif ne cachait guère autre chose qu'une organisation des forces socialistes. Les journaux patronnés par des conservateurs, comme le *Travail* ou l'*Association,* minaient la société avec persévérance, et s'attaquaient avec acharnement à notre organisation économique, sous prétexte de prêcher le dogme coopératif.

Quand les réunions publiques devinrent licites,

en 1867, le pouvoir et la bourgeoisie continuèrent, à l'envi l'un de l'autre, cette conduite de dupes. Le premier crut faire œuvre de politique profond en ne permettant que la discussion des prétendues questions sociales et en favorisant les excitations les plus éhontées contre la propriété, contre le capital et contre la famille. Il croyait tirer de ces excès de parole une compensation suffisante en alarmant et en affolant les conservateurs. Mais la partie libérale des classes élevées n'était pas moins naïve. Avec quel enthousiasme furent crées et suivies les premières réunions publiques ! Ce furent des bourgeois qui les organisèrent. Au Vaux-Hall, à la Redoute, ces assises du prolétariat furent inaugurées par des hommes de science. On y discutait le travail des femmes dans l'industrie et l'intérêt du capital. Quel fruit ne se promettait-on pas de cet examen contradictoire et sans passion ! L'on allait s'éclairer mutuellement et s'entendre. Toutes les erreurs allaient disparaître au grand jour. Le socialisme devait expirer ou plutôt faire amende honorable et se convertir aux pieds de la vérité, victorieuse par la seule force de la raison. Combien vite toutes ces illusions disparurent, combien elles furent perdues pour toujours, est-il besoin de le dire? Au bout de quelques mois, si ce n'est de quelques semaines, un homme raisonnable, de quelque audace qu'il fût pourvu, de quelque esprit de concession qu'il fût animé, ne put se présenter à la tribune d'une réunion publique. Il n'y eut de place que pour les *mutuellistes* et les *communistes*, qui faisaient, en vrais sectaires du Bas-Empire et du moyen âge, des discussions à perte de vue sur les procédés les plus commodes ou les plus convenables pour supprimer le capital, mais qui, au moment de l'action, s'entendaient comme larrons en foire.

Les réunions publiques furent le terrain où germèrent et levèrent avec le plus de vigueur les doctrines socialistes, que représentait et patronnait l'*Internationale*. De tous les points de la société affluèrent, vers ces tournois d'un nouveau genre, les aventuriers en quête de la fortune : des avocats de bas étage, comme Protot ou Peyrouton ; des étudiants paresseux et ambitieux à la fois, comme Rigault, Ducasse et autres ; des journalistes de mauvais aloi, des déclassés de toute origine, tels que Millière et Lefrançais. Là se formèrent les éléments multiples qui devaient constituer la *Commune de Paris*. Tous ces enragés discoureurs n'appartenaient pas à l'effectif de l'*Internationale*, ils n'y étaient point enrégimentés ; mais ils avaient, si ce n'est les mêmes convictions, du moins le même but et ils jouaient le même jeu. Ainsi se justifie notre assertion que, jusqu'en mars 1871, l'*Association internationale* ne constituait nullement en elle-même un corps redoutable; c'était une sorte de confrérie ouverte, un centre de ralliement autour duquel se groupaient tous les éléments de désordre.

Ce qu'elle fut à l'étranger et dans les congrès, il est superflu de le rappeler. Qui n'a présentes à la mémoire les déclamations insensées et les audacieuses résolutions de Genève, de Lausanne et de Bruxelles? Au début, on jeta encore quelques voiles, bien légers cependant, sur les aspirations des affiliés. Quelques brebis galeuses de la bourgeoisie prirent part aux premières de ces réunions. L'on y vit notamment le célèbre philosophe matérialiste allemand Buchner, l'auteur de *Stoff und Kraft* (force et matière). Des assemblées cosmopolites, ayant un objet moins spécial que ces congrès d'ouvriers, tendaient indirectement au même but. Tel était le congrès de la paix, où l'infortuné et naïf Gustave Chaudey proposait une alliance entre les internationaux et les jacobins. Tous les doutes de la première heure furent bientôt dissipés. Des programmes furent rédigés en style em-

phatique pour réclamer l'abolition de la propriété
individuelle et de l'héritage. La démocratie militante lançait des manifestes, publiait une vingtaine
de journaux en cinq ou six langues et recrutait
partout des adhérents. Hélas! tous les événements
furent combinés pour la servir: l'amnistie ac-
cordée à tous les crimes politiques, le meurtre de
Victor Noir, la guerre contre l'Allemagne, nos
désastres, nos illusions. Grâce à toutes ces circonstances propices, le faisceau des forces ouvrières
croissait chaque jour en volume et en cohésion.

L'histoire de l'*Association internationale* des
travailleurs jusqu'à la révolution du 18 mars, c'est
l'exposé d'une série de fautes de la part du gouvernement et des classes élevées, de connivences
continuelles et inconscientes. Les pouvoirs publics
et la bourgeoisie furent, à tous les égards, les
complices et même les fauteurs de cette criminelle institution. Ils en favorisèrent l'essor par des
complaisances coupables, par de dangereuses
concessions ou par des flatteries intéressées. Tel
est le lamentable fruit de nos discordes politiques.
Les différents partis, ceux qui sont et ceux qui
veulent être au pouvoir, rivalisent d'adulation envers les classes laborieuses; ils entretiennent la
fermentation dans les couches infimes de la société;

ils s'ingénient à décrier les institutions fondamentales existantes.

Nous n'entrerons pas ici dans de longs détails sur l'organisation intérieure de cette association cosmopolite. Elle se forma évidemment sur le modèle des *trades unions* anglaises. Le livre de M. Testud donne la composition à différentes époques du conseil central de l'*Internationale* résidant à Londres. Il en ressort un fait évident : c'est que les membres anglais envahirent de plus en plus et finirent par occuper complétement cette junte suprême. Les coryphées du socialisme et de l'unionisme anglais prirent une large part à la direction de l'association ouvrière cosmopolite. Le grand agitateur britannique, M. Odger, fut longtemps le président de l'*Internationale*. La même dignité échut occasionnellement à M. Applegarth, le secrétaire général de l'union des charpentiers fusionnés. C'est ce même personnage, qui est cité souvent avec éloge dans le livre de M. le comte de Paris. Cet exemple, choisi entre mille, prouve combien se trompaient les philanthropes conservateurs, qui proposaient pour modèles aux ouvriers français, en 1869, les *trades unions* anglaises. Les événements se sont chargés de démontrer que ces associations britanniques étaient au plus haut degré dangereuses, et qu'il fallait un optimisme excessif pour en faire l'éloge.

L'ouvrage de M. Villetard sur l'*Internationale* expose avec exactitude l'organisation de cette Société. En voici l'esquisse sommaire. Un nombre plus ou moins considérable de membres groupés ensemble, soit qu'ils appartiennent au même métier, soit que, différents d'état, ils se trouvent rapprochés par le voisinage, forment une section. C'est là du moins, en théorie, l'élément embryonnaire, la cellule primitive du système. Plusieurs sections d'une même région constituent une *fédération*. Les fédérations d'un même pays forment une *branche*, et les différentes branches composent l'*Association internationale des travailleurs*.

L'une des prétentions de cette nouvelle francmaçonnerie, c'est de pratiquer la décentralisation, c'est-à-dire de laisser une grande liberté aux différents groupes de tous ordres, *sections* ou *fédérations*. Chaque section a le choix de ses fonctionnaires propres, et choisit en outre des délégués pour la representer, les uns au conseil fédéral, les autres au congrès annuel. Il est de principe que ces diverses agglomérations aient une autonomie presque complète. La constitution et la composition du conseil fédéral varient, suivant l'importance des localités et le plus ou moins grand nombre des groupes fédérés.

Le pouvoir central pour toute l'association se décompose en législatif et exécutif. Le premier est le congrès, qui doit se réunir annuellement à une date et dans un lieu qui sont désignés par le congrès précédent. Il se compose des délégués de toutes les sections, qui ont versé au conseil central la cotisation de rigueur. Cette assemblée législative n'a guère été jusqu'ici qu'une sorte d'académie socialiste. Au lieu de prendre des décisions pratiques pour l'organisation et le développement de la Société, les congrès de l'*Internationale* n'ont jamais fait autre chose que des proclamations et des programmes. Ils ont voté des résolutions théoriques, analogues à la déclaration des Droits de l'homme; mais ils n'ont jamais, à notre connaissance, édicté de statuts qu'il fût en leur pouvoir d'appliquer.

La vraie puissance appartient au conseil central, résidant provisoirement et jusqu'à nouvel ordre à Londres. Quel est le mode de recrutement de ce conseil, cela n'a pas été jusqu'ici nettement élucidé. Théoriquement, les fonctionnaires qui le composent doivent être élus par le congrès. Les membres ont varié fréquemment depuis l'origine de l'association. Le rouage le plus curieux et le plus effectif de tout cet organisme, ce sont les secrétaires particuliers de correspondances : il y en a autant que de pays où l'association compte des sections. Ces personnages paraissent les *leaders* de la Société. Ils forment la partie immuable du conseil central ; ils expédient toutes les affaires, ils préparent toutes les décisions : ce sont de vrais hommes d'État. Le correspondant pour la France est, depuis plusieurs années, M. Eugène Dupont.

Le conseil général est chargé de l'ensemble des relations entre les différentes associations ouvrières. Il doit exécuter les décisions du congrès, faire des rapports trimestriels sur l'état des classes laborieuses dans tous les pays, sur la situation des sociétés coopératives, sur le prix des salaires, sur les adhésions nouvelles, sur les grèves et leurs résultats. C'est donc un centre d'information en même temps qu'un centre d'action.

Il ne faut pas s'y tromper : pour ce gouvernement comme pour tous les autres la pratique diffère beaucoup de la théorie. Cette charte, si libérale en apparence, est appliquée de la façon la plus autoritaire. Le départ entre les attributions

des différents pouvoirs n'existe que nominalement.

Il ne faut pas oublier, en effet, que l'*Internationale* en est encore à la période de fondation. Les
créateurs de la Société se mettent et se conservent
dans tous les postes : ils choisissent des amis ou
des créatures pour les positions inférieures. Le
suffrage universel ne fonctionne pas en réalité.
Cette confrérie, si radicale par son objet et par sa
constitution écrite, est jusqu'ici administrée d'une
manière patriarcale. C'est que l'*Internationale*, au
rebours des *trades unions*, s'est constituée par
voie de rayonnement, au lieu de se former par des
procédés de fusion. Un personnel de quelques
douzaines d'ouvriers, soi-disant d'élite, ont établi
un noyau central. Quelques-uns d'entre eux se
sont répandus ensuite dans différents pays pour
susciter des fédérations, et les membres les plus
ardents de ces dernières ont avisé au moyen de
faire naître en tous lieux des sections. Dans toutes
les sociétés humaines, qui se fondent par ces
moyens, une suprématie considérable reste toujours aux créateurs et à l'administration centrale,
quel que soit le nom qu'elle porte.

Tous les pays d'Europe ont été pénétrés à différents degrés par l'*Internationale*. La France et

l'Allemagne du Nord, avec les petits États de Belgique et de Suisse, semblent les lieux où elle a pris le plus de vigueur. L'Espagne, cependant, est aussi attaquée au cœur, et l'association présente dans ce pays ce caractère particulier qu'elle s'y recrute en grande partie chez les ouvriers des campagnes. Les *trades unions* anglaises ont des relations fréquentes avec l'*Internationale*, mais elles conservent en même temps avec vigilance et jalousie leur individualité. Les ouvriers d'Amérique commencent à donner la main à leurs frères transatlantiques. L'Italie est la contrée de l'Europe où l'*Internationale* parait avoir fait le moins de progrès.

L'on a fixé à plusieurs millions le chiffre des membres de cette franc-maçonnerie ouvrière. Il faut bien peser ces chiffres, il faut surtout les expliquer. Qu'il y ait sur la surface du monde chrétien plusieurs milliers de travailleurs manuels, vivant en communauté d'aspirations et d'idées avec l'*International*, nous l'admettons volontiers. Mais si l'on entend supputer seulement le nombre des fidèles, ayant subi une affiliation régulière et personnelle, possédant une carte d'admission, payant les cotisations exigées, correspondant directement ou indirectement avec les fonctionnaires de l'association, remplissant en un mot des devoirs stricts, alors il faut prodigieusement rabattre de ces nombres. L'effectif se réduit dans des proportions énormes. Il ne reste pas le dixième des prétendus adhérents. Il y a entre les amis et les dévots de l'*Internationale* le même écart qu'entre les membres nés d'une église et les vrais fidèles, sincèrement croyant et assidûment pratiquant. Que l'on ne se forge pas des fantômes. Innombrables sont les ouvriers qui souhaitent le succès de cette association cosmopolite, restreint est le nombre de ceux qui sont prêts à des sacrifices sérieux pour l'obtenir.

Les procès qu'a subis l'*Internationale* sous l'empire ne laissent aucun doute sur l'exactitude de ces assertions. C'est au moyen des grèves que se recrute surtout cette association, et voici de quelle manière. Quand une grève éclate dans un corps d'état, il est assez habituel que tous les ouvriers qui le composent adhèrent en masse à l'*Internationale*. Ce que valent et ce que durent ces adhésions collectives, il est facile de le deviner. Ces engagements, pris par quelques agitateurs au nom de tout un groupe qui reste passif, sont des liens bien fragiles et bien lâches. Il y a loin de là à une affiliation personnelle. Les contrôles de la Société peuvent ainsi s'enfler à l'infini, sans que ses forces s'accroissent proportionnellement.

Quel est donc l'ensemble de ressources, quels sont les moyens de lutte et de victoire dont jouit cette Société géante?

Le but qu'elle poursuit, nous l'avons vu, c'est l'expropriation ou plutôt l'appropriation à son profit de la richesse publique et du capital. Elle procède vers cet objet par deux voies différentes.

D'un côté elle fait de l'agitation politique, elle cherche à renverser les gouvernements existants, elle s'allie aux jacobins et en général aux partis mécontents. C'est sur ce terrain surtout qu'elle est dangereuse, parce que ses forces sont presque décuplées par l'adjonction d'éléments étrangers. Par elle-même, elle serait impuissante; mais avec tous ces appoints elle devient terrible : ainsi a pu se faire la révolution du 18 mars, qu'on a tort de lui attribuer à elle seule. Quelles précautions sont à prendre, quels obstacles il faut lui dresser sur cette route, c'est ce que nous étudierons dans une autre partie de cet ouvrage. Qu'il nous suffise de dire en ce moment que nos classes élevées et nos partis politiques devront faire à la civilisation le sacrifice d'habitudes invétérées et pernicieuses, de mœurs corrompues et corruptrices.

Sur le terrain économique, l'*Internationale* est-elle aussi redoutable? Loin de nous le dessein prémédité d'amoindrir ses forces et de diminuer ses chances réelles de succès. Mais ne nous abandonnons pas à des terreurs vagues et par suite excessives. Soyons précis et prenons des chiffres.

Nous avons vu quelles étaient les ressources des *trades unions*, combien les cotisations des membres étaient à la fois élevées et régulièrement perçues. Ces associations se montrent redoutables et puissantes, parce qu'elles présentent de la cohésion et qu'elles jouissent d'un trésor accumulé. L'*Internationale*, nous ne craignons pas de le dire, nous offre un tableau tout opposé.

C'est une confrérie pauvre et besoigneuse, vivant au jour le jour et d'expédients, n'ayant ni épargnes, ni fonds de chômage. Bien des causes ont produit cette pauvreté et contribueront à l'entretenir longtemps encore. C'est d'abord que l'*Association internationale* est nouvelle : elle sort à peine de l'enfance. Tout au plus peut-on dire qu'elle est adolescente; elle n'a eu jusqu'ici ni le temps ni les moyens d'accumuler. Peut-être même n'en a-t-elle pas eu le désir. Les ouvriers français sont, en effet, moins que tous autres enclins à l'économie soit individuelle, soit collective. Toute

notre nation, d'ailleurs, est peu portée à se cotiser·
pour soutenir des fondations d'intérêt commun.
L'on est ardent en paroles, mais les bourses ne
s'ouvrent pas facilement en France pour des œuvres philanthropiques ou sociales. Tous les faits
viennent nous prouver que les internationaux ne
dérogent pas sur ce point à notre caractère et à nos
habitudes nationales. La caisse de l'association
ouvrière cosmopolite est loin de regorger d'écus.
Bien mince est le filet d'oboles populaires qui vient
se jeter dans ce réservoir.

La cotisation des membres de l'*Internationale*
se divise en plusieurs parties, dont l'une va à la
section, une autre à la fédération et une troisième
au conseil central. Celui-ci est fort modeste. Il ne
réclame de chaque associé que dix centimes par
an ; mais c'est encore là, paraît-il, une somme
trop forte pour le dévouement de la plupart des
internationaux. Il est un fait avéré, c'est que cette
obole n'est le plus souvent pas payée. Supposons,
cependant, qu'il y ait un million d'ouvriers à la
solder, cela fait 100,000 francs par an : triste pi-
tance, qui peut à peine couvrir les frais généraux
c'est-à-dire le local, la correspondance, les trai-
tements des fonctionnaires, les indemnités de
voyage, la tenue des congrès, etc. La fédération,

il est vrai, est plus exigente. Il lui faut dix centimes par mois et par tête; mais elle, aussi, a beaucoup de mal à faire ses rentrées; elle a en outre bien des frais et se trouve le plus souvent au dépourvu. Quant aux sections, il est impossible de déterminer avec exactitude quelles sont les cotisations qui les alimentent; mais le taux en est certainement minime. On est loin du versement des unionistes anglais, lesquels donnent jusqu'à 1 shilling par semaine.

Aussi, pour soutenir une grève, l'*Internationale* recourt toujours à des expédients : des quêtes, des souscriptions improvisées, des emprunts hâtifs et difficiles à contracter; elle n'a pas de trésor. Qu'on examine attentivement l'histoire des grèves auxquelles elle a pris part, on verra combien son haleine est courte. Elle ne tarde pas à céder devant un corps de patrons, dont les membres sont résolus, patients et pratiquent la solidarité. Les livres de M. Testud et de M. Villetard contiennent de fort curieux extraits des correspondances entre les différents fonctionnaires de l'*Internationale;* on y voit combien est grande cette pénurie de fonds. Que de mal a donné cette association cosmopolite la grève des mégissiers de Paris? Dira-t-on que l'*Internationale* est soutenue par les *trades unions* qui lui feront des prêts? Mais les correspondances des chefs de la Société cosmopolite prouvent de la manière la plus nette combien avisées, prudentes et parcimonieuses sont les unions anglaises dans leurs rapports avec l'*Internationale* Elles ont des règlements qu'elles veulent observer; elles sont formalistes; elles craignent le gaspillage. Elles se conduisent vis-à-vis des internationaux comme la fourmi de la fable pour la cigale.

C'est que l'*Internationale*, en effet, ressemble assez à la cigale de La Fontaine : elle s'amuse à faire des grèves incessantes ; elle consacre tout son temps, tous ses soins, toutes ses faibles ressources, à troubler perpétuellement l'industrie. Elle a oublié que le principal, c'était de se constituer un trésor.

Sur le terrain économique, l'*Internationale* est donc jusqu'ici beaucoup moins redoutable que sur le terrain politique. A la condition d'avoir de la prévoyance et de l'union, de se constituer en syndicats de résistance, à la condition aussi d'avoir de l'esprit de justice et du tact, nos industriels pourront traverser la crise sans trop d'avaries.

Les faits nous démontrent que les premiers

essais de solidarité entre les différents corps d'état, pour soutenir les grèves, ont été jusqu'ici, en France, complétement infructueux. L'on a vu, en 1869, les ouvriers en métaux de Givors adresser des demandes de subsides aux ouvriers des forges et fonderies de Saint-Etienne, ainsi qu'aux ouvriers de Vialas et de Voulte. Les ouvriers en instruments de chirurgie, dans leur récente coalition, prétendaient pouvoir disposer de 50,000 fr., quoique leurs deniers personnels n'allassent pas au delà de 1,500 francs. Les mégissiers, en décembre 1869, ont obtenu de la fédération ouvrière parisienne un capital de 13,500 fr. L'on sait que les tailleurs de Paris, il y a trois ans, reçurent une dizaine de mille francs de leurs confrères de Londres. Les bronziers, en 1867, obtinrent des ouvriers d'Angleterre un subside de 20,000. Une subvention de 12,000 francs a été envoyée de Paris aux ouvriers de Genève; mais qu'est-ce que ces sommes pour soutenir la coalition de tout un corps d'état? Il faudrait un trésor bien autrement alimenté pour exercer une action perceptible sur le combat entre le capital et le travail.

Peut-on croire que dans l'avenir les corporations françaises réussiront à trouver de plus abondantes ressources ? Ce leur sera toujours très-difficile. Ce qui fait la force des *trades unions*, c'est qu'elles sont presque toutes des sociétés de secours en même temps que des machines de guerre. Elles prélèvent sur leurs membres des cotisations de 1 fr. 25 cent. par semaine, quelquefois davantage, en échange d'assistance et d'assurance dans des cas déterminés. Aussi ont-elles à leur disposition un encaisse considérable, qu'elles peuvent employer éventuellement en frais de grèves. Une pareille organisation n'était possible qu'au début de ce siècle, alors que les associations de secours mutuels prenaient naissance. Les *trades unions* ont accaparé ce service, et l'on ne peut le leur enlever.

En France, au contraire, les sociétés de secours mutuels existent partout aujourd'hui, sous la direction tantôt des municipalités, tantôt des chefs d'industrie. Par suite de l'adjonction de membres honoraires, qui versent sans rien recevoir, les cotisations demandées à l'ouvrier sont très-réduites. Il en résulte que les corporations ouvrières formées en vue des grèves n'ont rien à attendre de ce côté. Elles ne peuvent demander au travailleur un sacrifice considérable et permanent pour une lutte éventuelle et lointaine; elles

14.

sont incapables de faire concurrence aux institutions déjà vieilles et richement subventionnées. Elles peuvent, il est vrai, essayer de s'emparer par un coup de main des caisses de sociétés de secours existantes; mais il est facile à la loi d'empêcher cet abus. On doit prévoir que, par suite des convoitises naturelles des grévistes, la question des sociétés de secours mutuels deviendra dans peu de temps l'un des champs de bataille les plus disputés et les plus décisifs de notre époque; mais avec de bonnes mesures la victoire y est assurée à la cause de l'ordre et de la liberté. En l'absence de ces fonds de secours, les corporations ouvrières vivent d'expédients. Les unes s'adonnent au commerce et s'efforcent d'amasser quelques profits en supprimant quelques intermédiaires. La plupart s'adressent simplement à la charité. Nous avons, plus d'une fois, à la sortie des réunions de Belleville, rencontré sur le pas de la porte deux femmes avec des bourses, réclamant l'assistance pour les ouvriers de Bâle, alors en coalition. Chacun déposait son obole; mais ce qui tombait ainsi entre les mains de ces chanoinesses du socialisme était un bien mince tribut pour suffire aux frais d'une grève.

Le nerf de la guerre fait donc défaut aux corporations ouvrières françaises ; il faudra bien des années pour qu'elles puissent amasser un trésor, si même elles y réussissent jamais. Quoi qu'il en soit, nous sommes à présent, au point de vue industriel comme au point de vue politique, à l'état de paix armée. Le silence et le repos qui nous entourent sont précaires. De toutes parts, l'on fait et l'on annonce des armements et des plans de campagne ; les Allemands ont un mot qui peint admirablement les relations de nos onvriers et de nos industriels : c'est la *kriegsbereitschaft*, la mise sur pied de guerre, la préparation à l'attaque et à la défense.

Que résulte-t-il de tous ces efforts? Une assez grande somme d'inquiétudes, de défiances et de mauvais procédés réciproques. Dût l'*Internationale* changer sa misère en opulence, ses vastes projets sont marqués au coin de l'utopie et destinés à un humiliant échec. Au début de ce siècle, un grand homme de guerre, armé de la plus excessive concentration de pouvoirs qui se soit jamais rencontrée dans des mains humaines, conçut le plan audacieux de réduire à merci la nation la plus commerçante en lui fermant tous les marchés du monde. On sait ce que devint le fameux blocus continental, qui paraissait une conception de génie. Il en sera de même de ce blocus du capital, que l'*Association internationale des travailleurs* prétend établir. L'on ne parviendra pas à le rendre complétement effectif, et toute cette machine de guerre craquant sur un point restera sans résultat.

Ce n'est pas par de tels moyens que l'on obtiendra la hausse des salaires. Nul plus que nous ne la désire ; mais nous la voulons durable et effective. Or, pour y arriver, il n'est qu'une seule voie : l'augmentation de la production, l'accroissement de l'efficacité du travail de l'ouvrier. Hors de ces conditions, tout est mirage et déception. Par la volonté et l'intelligence, par une organisation chaque jour plus perfectionnée de l'industrie, l'assistance de machines plus puissantes, l'accumulation de capitaux nouveaux, par l'ouverture de marchés lointains, l'on peut développer dans une très-large mesure cette force productive qui réside dans la tête et dans les bras de l'homme. C'est là le progrès réel et désirable. Quant à prendre au patron ou au consommateur pour donner à l'ouvrier, c'est une pure chimère. L'ouvrier serait la première victime d'aussi déraisonnables tentatives. Faire hausser le prix des choses pour obtenir un plus fort salaire, c'est un jeu d'enfant sans réflexion; car, si un pareil mouvement s'effectuait dans toute la série de la production, l'ouvrier, payant plus cher toutes les choses qu'il achèterait, aurait une rétribution nominalement grossie, effectivement stationnaire.

Mais le patron, nous dit-on, voilà l'exploiteur auquel il faut faire rendre gorge. Déplorable illusion de la souffrance ou de l'envie! Bien loin d'être trop élevés, les gains des industriels ne sont actuellement que suffisants pour entretenir l'esprit d'entreprise, ce ressort moteur de toute civilisation. Autrefois, au début de la grande industrie, alors que la concurrence n'était pas encore éveillée, les profits purent être très-considérables; d'immenses fortunes purent s'élever en peu de temps. Aujourd'hui, soumis à la lutte de toutes les nations du monde, à toutes les éventualités d'un commerce souvent traversé par des crises, les gains des manufacturiers sont modestes et ne font que compenser les risques auxquels leur existence et leurs capitaux sont assujettis.

Un sceptique grec, auquel on montrait dans le temple de Neptune un double rang de gouvernails offerts par les matelots que leurs invocations au dieu avaient sauvés de la tempête, répliquait par cette parole : « Mais où sont les gouvernails

de ceux qui ont été engloutis dans les flots. » Il
en est de même du temple de la Fortune : l'on
y voit en lettres d'or le nom des hommes qui sont
sortis victorieux de ce rude combat de l'industrie ;
il n'y est fait aucune mention de ceux qui ont
succombé dans la lutte, et pourtant ils sont nombreux, mais ils n'attirent pas la vue et demeurent
ignorés.

Ainsi on ne peut toucher aux profits des patrons sans tuer l'esprit d'entreprise. C'est donc
ailleurs que l'ouvrier doit chercher la mine qu'il
peut et qu'il doit exploiter : cette mine, c'est la
nature, et c'est aussi lui-même. Il est deux mots
austères qui sont le commencement et la fin de
toute saine philosophie sociale. « Effort et sacrifice,
a dit Kant, ce sont les éléments de toute vertu ; »
ajoutons : Ce sont les deux sources de toute prospérité.

DEUXIÈME PARTIE

CHAPITRE PREMIER

EXAMEN DES REMÈDES PROPOSÉS. — LE SYSTÉME
DE LA PARTICIPATION AUX BÉNÉFICES

Le spectacle des fréquents désordres qui agi-
tent le monde industriel a porté beaucoup d'esprits à se mettre en quête d'un remède souverain
qui rendît au corps social la plénitude de la santé
et de la vigueur. C'est une des habitudes favorites
de notre temps de considérer toutes les difficultés
de la vie publique comme autant de problèmes
géométriques susceptibles d'être résolus par une
formule simple et précise. Dès qu'un mal se déclare et sévit, l'on s'empresse de chercher un spécifique auquel on attribue une vertu infaillible.
C'est ainsi que pour triompher des grèves, pour
accroître la production d'une manière indéfinie,

pour élever instantanément la situation de l'ouvrier, nombre d'esprits éclairés et philanthropiques ont proposé le système de la participation
aux bénéfices.

L'application de ce régime mettra fin, nous
dit-on, à toutes les crises qui ont agité dans ces
derniers temps nos populations laborieuses. C'est
une ère nouvelle de prospérité et de repos que
cette organisation du travail doit ouvrir à l'humanité souffrante et militante. Chez quelques écrivains, la foi en l'efficacité de l'association de l'ouvrier aux bénéfices du patron a dégénéré en une
haine aveugle contre le salaire, « ce pelé, ce ga-
leux, d'où venait tout le mal. » Ceux-là compa-
rent le salariat au travail à coups d'étrivières de
l'esclave antique ou au labeur forcé du serf au
moyen âge ; d'autres, plus rassis en apparence et
de meilleure composition, sans jeter l'anathème
contre le mode de rétribution actuellement en
usage, exaltent avec enthousiasme le mérite de ce
qu'ils appellent le « nouveau contrat. »

De même que les Israélites, traversant le désert
pour gagner la terre promise, retrouvaient l'espérance et la vigueur quand ils portaient leurs regards sur le serpent d'airain, ainsi ces docteurs et
ces apôtres nouveaux ne puisent de consolation et

de force que dans la contemplation de « ce drapeau
de l'avenir, » sur lequel sont écrits ces mots pleins
de promesses : « association de l'ouvrier aux profits de l'entrepreneur. »

Des hommes très-judicieux, qui ont marqué
dans la science et dans la politique, Rossi et Léon
Faucher en tête, ont donné une adhésion plus ou
moins formelle et réfléchie à cette formule si en
faveur de nos jours. Des autorités d'un autre genre
et dont l'opinion importe davantage à nos sociétés,
des souverains ou des prétendants à la souverai-
neté, l'empereur Napoléon III, M. le comte de
Chambord et M. le comte de Paris, ont cru devoir
également manifester leur croyance à ce dogme
démocratique de la participation.

Nous nous proposons ici d'examiner dans
quelle mesure ces espérances sont légitimes,
quelle est la proportion d'illusions qu'elles con-
contiennent et de déceptions qu'elles préparent.
C'est avec une entière liberté d'esprit que nous
abordons cette étude : nous ne sommes pas de
ceux qui cheminent avec contentement dans l'ornière du passé, et qui s'interdisent l'entrée de
tout chemin non frayé par la foule ; mais nous de-
vons avouer, comme une faiblesse inséparable
de notre nature, une défiance instinctive de ces

guides audacieux qui, de prime abord, sans avoir
sondé le terrain sur toute son étendue, nous in-
troduisent en des contrées inconnues, où l'on
court le risque de rencontrer des fondrières et
de s'abîmer dans des précipices. N'est-ce pas un
devoir de prudence d'interroger attentivement le
pays où l'on veut nous engager et de ne pas nous
jeter en des aventures dont nous n'apercevrions
pas clairement l'issue?

Dans cet examen du système de la participation aux bénéfices, c'est aussi peut-être une bonne
fortune d'être assisté par un explorateur érudit,
M. Charles Robert, qui, dans une étude substantielle, a mis sous nos yeux tous les exemples, tous
les modèles qui militent en faveur de cette nouvelle organisation du travail. Ce ne sont pas seulement des théories, ce sont des faits vivants qui
sont soumis à notre investigation; c'est à la fois
une garantie et une difficulté pour la critique, qui
est plus sûre et qui doit être plus circonspecte.

Un des plus grands *desiderata* que présente
l'étude des questions sociales, c'est l'emploi de

termes précis qui disent très-exactement ce qu'ils
veulent dire et qui excluent les malentendus. On
s'habitue d'ordinaire à des phrases sonores, à des
formules vides et retentissantes, qui ont le mérite
d'être captieuses, parce que chacun les peut interpréter à son gré. Aussi arrive-t-il que sous les
mêmes mots on place souvent des idées différentes,
et que les adeptes d'un même système, quand ils
en viennent à l'application, sont étonnés de se
voir divisés par la pratique, alors qu'ils se croyaient
si unis sur le terrain de la théorie. Tous les projets de palingénésie, qui sont si nombreux de nos
jours, nous rendent le spectacle de la tour de Ba-
bel, avec cette particularité que nos architectes
ou manœuvres en reconstruction sociale s'imaginent se comprendre et se répondre mutuellement, parce qu'ils recourent aux mêmes vocables
et aux mêmes enseignes.

Si le mot de Condillac, qu'une science est une
langue bien faite, doit trouver sa justification, si
la satire contre l'équivoque eut jamais sa raison
d'être, c'est bien dans les matières qui nous occupent, qui ont le regrettable privilége de passion-
ner les esprits, de partager les classes d'une même
nation, et d'être parfois un sujet de troubles et de
guerres intestines. Dans les temps de démocratie,

l'on ne saurait trop rechercher la précision et la netteté du langage ; ce ne sont pas seulement des qualités littéraires, ce sont des devoirs impérieux pour tout bon citoyen, qui doit craindre avant tout d'égarer la foule, de lui donner de trop hautes espérances ou de lui inspirer de trop vives convoitises.

Dans cette grave question de la participation des ouvriers aux bénéfices du patron, il nous paraît que l'on n'a pas complétement évité cette phraséologie décevante, ces assimilations inexactes cette réunion de faits hétéroclites sous une formule captieuse. C'est un reproche que nous croyons devoir adresser au livre de M. Charles Robert. Il y a des commerçants ingénieux qui, pour mieux écouler leurs marchandises, placent quelques poignées du plus pur froment à la surface d'un boisseau de grains de qualité médiocre. Par une confusion du même genre, quoique assurément inconsciente, M. Charles Robert réunit sous une même étiquette des procédés très-différents, dont les uns sont irréprochables, dont les autres, au contraire sont en bien des cas sujets à caution. Dans ces mesures, que l'on nous présente sous la dénomination commune de participation aux bénéfices, il y a un triage à faire, et il convient d'y apporter beaucoup de sévérité et d'exactitude.

Le régime sous lequel s'est constituée l'industrie libre dans tous les pays du monde et à toutes les époques, c'est le salariat. Il n'est pas de forme d'association qui ait le mérite d'être aussi nette, aussi convenable aux intérêts de tous, aussi conforme aux principes rigoureux de la philosophie économique. Toutes les déclamations populaires, toutes les aspirations sentimentales de nos novateurs sociaux ne prévaudront pas contre la perfection de ce mode d'organisation du travail.

Il suffit de considérer attentivement le rôle des divers agents qui concourent à la production pour comprendre et admirer le système de répartition qui a été de tout temps en usage chez les peuples civilisés.

Un homme d'initiative entrevoit dans la fondation de telle ou telle industrie la possibilité d'un bénéfice ; il consacre son intelligence, son expérience, ses capitaux, à la direction de l'affaire qu'il a conçue. Suivant qu'il aura vu juste ou qu'il se sera trompé, il rencontrera la fortune ou la ruine : c'est un jeu périlleux qu'il joue. De la sûreté de son coup d'œil, de l'habileté de sa gestion, de la prudence et du bonheur de ses spéculations dépend sa destinée.

Tout autre est et doit être la situation du travailleur, qui apporte ses bras ou ses soins pour l'exécution de tel ou tel détail de l'entreprise. Ce que celui-ci fournit, c'est une quantité fixe de travail, ou, si l'on veut, de produits. Il doit être payé en raison des articles qui sont sortis de ses mains. Subordonner sa rémunération à la réussite de l'industriel qui l'emploie, c'est aller contre le cours naturel des choses, c'est faire une œuvre illogique. Serait-il, nous ne disons pas équitable, mais raisonnable, que de deux ouvriers également laborieux et habiles l'un obtînt une rétribution très-élevée, l'autre une rétribution modique, selon les aptitudes commerciales des patrons qui les occuperaient?

La position respective du patron et des ouvriers est, sous le régime du salariat, parfaitement délimitée ; la sphère d'action de chacun d'eux est à l'abri de tous les empiétements. Payé à court délai et en raison de son travail, l'ouvrier est à l'abri de toutes les inquiétudes : aussi n'a-t-il aucun prétexte pour intervenir dans la gestion. L'industriel a seul la conduite comme la responsabilité des affaires, il est libre de ses mouvements et n'obéit qu'à ses inspirations ; c'est là un avantage inappréciable, car il est non-seulement juste, mais utile, que l'homme d'initiative qui a conçu et fondé une industrie à ses risques et périls en ait la direction non pas nominale, mais effective.

Le salariat a bien d'autres titres encore au respect et à la reconnaissance de tous, ouvriers ou patrons. L'on ne saurait trouver en effet un mode d'association plus progressif, plus souple, plus fécond en formes variées.

Avec la mobilité de l'industrie humaine, il importe que l'organisation du travail en vigueur ne soit pas rigide et uniforme ; il faut qu'elle ait une grande flexibilité, qu'elle se prête à une infinité de modes, d'agencements, de combinaisons diverses. Or, nous ne craignons pas de le dire, cette qualité précieuse, le salaire la possède au plus haut degré : nous en trouvons la preuve dans la substitution de plus en plus générale du travail à la tâche au travail à la journée.

Autrefois, quand la production était grossière et les engins rudimentaires, l'ouvrier était rétribué à l'heure, au jour ou à la semaine. Aujourd'hui presque partout il est aux pièces ; il donne, moyennant un prix débattu, une façon déterminée aux objets qu'on lui confie. Qu'est-ce à dire si ce n'est que le travailleur manuel est devenu presque universellement un entrepreneur en sous-œuvre, avec cette particularité tout à son avantage qu'il est toujours sûr de placer les articles qu'il a confectionnés? De toutes les choses qui ont contribué depuis quarante ans au développement de l'industrie, sans en excepter même les progrès mécaniques, l'on peut dire qu'il n'y en a aucune qui ait eu autant de part à l'accroissement de la puissance productive de l'homme que l'avénement et la prépondérance du salaire à la tâche; mais bien d'autres améliorations se sont greffées sur ce premier progrès, et notre organisation du travail, si calomniée, s'est prêtée à une infinité de perfectionnements de détail dont l'effet doit être de stimuler la production et d'augmenter la rémunération de l'ouvrier.

Si heureuse, en effet, que soit l'influence de la rétribution à la tâche, elle ne triomphe pas toujours complétement des habitudes indolentes des populations. Beaucoup d'esprits sont encore rebelles au sentiment de leur intérêt personnel; il faut, pour les activer, multiplier les encouragements et les excitations. La force productive du travailleur, même le plus infime, dépend plus de sa tête que de ses bras; la volonté et l'attention y ont plus de part que la vigueur physique. L'économie politique doit approuver sans réserve la belle expression du poëte : *mens agitat molem.*

Les faits les mieux constatés démontrent cette énorme importance de l'énergie morale de l'ouvrier sur la quantité et la qualité des produits. Nombre d'industriels ont remarqué que les jours qui précèdent immédiatement la paye donnent dans les usines et ateliers un résultat beaucoup plus considérable que les jours qui la suivent. C'est une observation d'un grand manufacturier belge que les semaines où tombe un jour férié n'apportent pas une production inférieure à celle des semaines ordinaires. On trouve dans la récente enquête sur l'instruction professionnelle une note curieuse d'après laquelle les ouvriers chapeliers, dans certaines maisons, ne gagneraient que 1 franc 50 cent. ou 2 francs les premiers jours de la quinzaine, et arriveraient à une rémunération de 10 ou 15 francs pour les derniers jours. A Lille, immédiatement avant la fête que les ouvriers appellent *le Broquelet*, et qui est pour le peuple une époque de réjouissances, le travail prend une activité extraordinaire, l'ouvrage se fait avec une rapidité exceptionnelle.

Ainsi, même sans l'assistance de machines plus

parfaites, la main-d'œuvre est susceptible d'acquérir plus de puissance quand l'ouvrier sait vouloir. « Il y a des établissements, disait à M. Charles Robert un mineur du bassin de la Loire, où l'on se lance à l'ouvrage, il y en a d'autres où l'on se retient. » C'est donc un des buts principaux d'une bonne et intelligente économie industrielle que l'application des procédés qui sont le plus propres à exciter chez les travailleurs de toute catégorie cette ardeur et cette persistance d'efforts, cette intensité et cette continuité de l'attention.

Ce n'est pas seulement par l'augmentation des quantités produites, c'est aussi par l'économie des matières premières, par les ménagements envers les outils et instruments, que l'ouvrier peut accroître l'efficacité de son travail et féconder l'industrie. Épargner autant que possible le combustible, la fonte, l'huile, le bois, cela est nécessaire à la prospérité d'une usine ou d'une mine. Tous les manufacturiers intelligents, — et le nombre s'en accroît chaque jour, — sont pénétrés de ces vérités. Aussi voit-on s'introduire dans nos ateliers une série de mesures ingénieuses pour stimuler au plus haut point chez l'ouvrier l'énergie et l'économie dans le travail.

On a d'abord eu recours à des gratifications ou

à des récompenses qui étaient distribuées aux ouvriers les plus méritants, c'est-à-dire à ceux qui
avaient le plus fait d'ouvrage en moins de temps,
et qui avaient le plus réduit la proportion des déchets à la matière fabriquée. Quelques industriels,
comme la maison Bonnet, de Lyon, prenaient
aussi la qualité des produits en considération pour
la distribution de ces prix.

On s'efforçait, d'un autre côté, d'intéresser le
point d'honneur de l'ouvrier par des distinctions
purement morales. C'est ainsi que dans la manufacture de soieries de Jujurieux l'on met des éten-
dards près des métiers des jeunes tisseuses qui se
montrent le plus assidues et le plus actives. Dans
quelques usines, l'on a imaginé d'afficher au milieu de l'atelier les tableaux de paye, et l'on dit
que cette mesure a stimulé l'énergie des travailleurs ordinairement les plus indolents. C'étaient
là des procédés d'une efficacité trop restreinte,
qui avaient aussi le tort d'être complétement arbitraires. L'on n'a pas tardé à les perfectionner et
et à les généraliser, de manière à en faire une institution régulière.

Le système des primes est devenu aujourd'hui
d'une application fréquente, c'est un des éléments
habituels d'une exploitation prospère. Aussi sim-

ple en pratique qu'en théorie, il se combine admirablement avec le travail à la tâche, et il en est le complément naturel. On sait en quoi il consiste. On détermine la production moyenne d'un ouvrier ou d'un groupe d'ouvriers pour la journée, la semaine ou la quinzaine ; lorsque, par un surcroît de soins ou d'activité, un travailleur dépasse cette production normale, il reçoit non-seulement un salaire proportionné à la quantité d'ouvrage qu'il a exécutée, mais en outre une prime dont l'importance est variable.

Si l'on nous permet d'appliquer au salaire une expression consacrée en matière d'impôts, ce système de primes constitue le *salaire progressif*, en ce sens que l'ouvrier qui a produit deux fois plus que ses camarades reçoit une rémunération qui n'est pas seulement deux fois plus forte, mais deux fois et demie ou trois fois. Il n'est guère d'industrie qui ne puisse admettre de pareilles combinaisons, dont le mérite est de varier à l'infini et de pouvoir se superposer les unes aux autres. Dans certains établissements métallurgiques, il y a des primes pour la quantité de fer fabriqué, il y en a d'autres pour l'épargne de la fonte et de la houille qui ont servi à produire cette quantité de fer. Dans les industries textiles, les fileurs

comme les tisseurs peuvent bénéficier de ce régime. Il y a des fabriques de toile où l'ouvrier
qui a tissé dans sa quinzaine une pièce au delà d'un
nombre déterminé reçoit une prime de **2** francs;
celui qui a tissé ainsi deux pièces de toile supplémentaires a droit non-seulement à deux primes de
2 francs chacune, mais encore à une troisième
prime de **1** fr.

Le taux de cette rémunération accessoire change
suivant les industries; quelquefois il est assez
faible, d'autres fois il prend des proportions considérables. Plus le capital tient de place dans une
fabrication, plus ces primes peuvent être importantes. L'influence de ces encouragements est
démontrée par l'expérience et par le témoignage
des hommes qui tiennent la tête de l'industrie en
France. En **1851**, l'usine du Creuzot ne produisait que **18,306** tonnes de fer; on y introduisit sur
la plus large échelle un système de primes pour
stimuler le zèle de l'ouvrier : dès lors la production s'éleva, en **1852**, à **24,000** tonnes, à **33,000**
en **1853**, à **36,000** en **1854**, puis à **42,000** en
1858, et c'est principalement à une plus grande
énergie de la main-d'œuvre que l'on attribue cette
marche ascendante. Il en est de même dans les
usines de Terre-Noire. L'habile directeur de cet

établissement, M. Euverte, y organisa le régime des primes en 1858 : la production, qui était alors de 13,000 tonnes, ne cessa de croître et atteignit 34,000 en 1868; ce progrès, M. Euverte l'attribue exclusivement au système adopté pour le règlement de la main-d'œuvre, aussi favorable aux ouvriers qu'aux patrons.

M. Charles Robert préconise à bon droit cette organisation du travail, il espère la voir se répandre et devenir un fait général; mais il croit découvrir dans ces primes une forme de la participation aux bénéfices, et c'est comme telles qu'il les recommande. Il cite, à l'appui de sa thèse, tous les établissements qui admettent ce mode de rétribution supplémentaire. Il part de là pour conclure que l'association de la main-d'œuvre aux profits de l'entrepreneur est déjà en vigueur dans un grand nombre d'usines de France. Il y a là une assimilation inexacte, une regrettable confusion de nature à fausser les idées populaires, et qu'il importe de dissiper. Non, ces primes fixes ne sont pas une forme de la participation, elles diffèrent complétement de ce régime; il suffit d'un peu de réflexion pour s'en rendre compte.

La répartition des produits se fait toujours entre plusieurs facteurs, dont l'un est le travail,

et l'autre le capital ou les frais généraux. Quand
la production d'une usine augmente au delà d'une
moyenne normale, les frais généraux ne croissent
pas dans la même proportion ; il est donc juste
de faire au travail une part plus grande dans ce
surplus de fabrication, sur lequel les frais généraux sont inférieurs. Il n'y a rien là que de
logique et de naturel. Voilà ce qui légitime le système des primes. Il ne se rattache pas au régime
connu sous le nom de participation aux bénéfices.
En effet, les primes promises à l'ouvrier pour ce
surcroît d'activité ne sont ni aléatoires, ni condi-
tionnelles. Dans les établissements où elles existent, elles sont fixes et doivent être payées à l'ouvrier indépendamment des résultats de l'entreprise. Quels que soient les gains de l'industriel,
quelles que soient même ses pertes, les primes que
le règlement a établies doivent être soldées en
totalité. Elles constituent un supplément de salaire, rien autre chose. C'est que le salaire à la
tâche peut être établi sur une échelle variable et
progressive sans perdre son caractère. L'on peut
dire à l'ouvrier : Jusqu'à concurrence de telle production par jour ou par semaine, vous aurez tant
par mètre ou par kilogramme ; pour une production supérieure, votre salaire par kilogramme

ou par mètre sera plus considérable. On voit continuellement dans les relations usuelles de la vie, entre vendeurs et acheteurs, de semblables arrangements.

Ainsi le système des primes diffère radicalement du système de la participation aux bénéfices, par cette raison péremptoire, que les primes se distribuent alors même que l'industriel est en perte. Il faut ajouter que le régime des primes est infiniment supérieur au régime de la participation. Il en offre tous les avantages et en repousse tous les inconvénients; il stimule l'ouvrier par la perspective d'un gain assuré, il ne lui fournit aucun prétexte d'immixtion dans la gestion de l'entreprise; il a même, au point de vue de l'égalité, un incontestable mérite. Avec l'organisation de la participation aux bénéfices, la rémunération de l'ouvrier dépend non-seulement de lui-même, mais de la capacité du chef d'industrie. Les ouvriers de deux établissements voisins, à égalité de zèle et d'habileté, obtiendraient donc des rétributions très-différentes, parce que leurs patrons n'auraient pas le même degré d'expérience, de prudence, d'entente des affaires, de bonheur peut-être.

On peut cependant faire un reproche au système que nous venons d'exposer ou du moins y constater une lacune. Les primes données à l'ouvrier pour un surcroît de production ou pour une économie de matières premières n'encouragent, nous dit-on, que l'effort isolé, non l'effort collectif; elles stimulent les bons ouvriers qui peuvent espérer de les obtenir, elles sont sans action sur les ouvriers médiocres ou inférieurs qui ne sont pas en état de fournir une tâche supérieure à la moyenne. Si cette objection a quelque portée, les combinaisons dont le salaire est susceptible permettent de remédier à ce défaut.

L'on a organisé en effet, dans un certain nombre d'établissements, un système de primes collectives qui sont décernées, non plus à tel ou tel travailleur, mais au personnel même de tel ou tel atelier dont la production dépasse une moyenne déterminée. L'on citerait beaucoup d'exemples de ce mode de règlement de la main-d'œuvre. Les mines et usines de MM. Dupont et Dreyfus, à Ars-sur-Moselle, ont adopté ce régime; cependant c'est surtout dans les papeteries qu'il fonctionne et donne des résultats remarquables. M. Laroche-Joubert, le grand fabricant de papier d'Angoulême, naguère député au corps législatif, a le mérite d'avoir porté cette organisation au plus haut degré de perfection. Son usine ne produisait que 25,000 kilogrammes de papier par mois : il déclara que, toutes les fois que ce chiffre serait dépassé, l'ouvrier aurait un supplément de salaire de 1 franc par 1,000 kilogrammes. La production monta bientôt à 35,000, 45,000 et même 50,000 kilogrammes de papier par mois. La rétribution de l'ouvrier fut notablement accrue. Les papeteries du Pont-de-Claix (Isère) suivirent bientôt cet exemple. L'on comprend, en effet, que le personnel de l'établissement soit singulièrement provoqué au travail par ce supplément de salaire : ce n'est pas seulement l'ardeur particulière de chaque ouvrier, c'est l'émulation, c'est la surveillance mutuelle, qui se trouvent puissamment stimulées.

Un pareil régime a tous les avantages de la participation aux bénéfices; aussi a-t-on pu le confondre avec elle. M. Laroche-Joubert lui-même s'y est mépris. Dans une séance du corps législatif, il a préconisé son système comme l'association des ouvriers aux profits de l'entrepreneur; c'est cependant là un terme inexact. Dans la papeterie d'Angoulême, le personnel ouvrier reçoit des primes collectives, fixées en raison de l'accroissement de la production; il ne prélève pas une part des bénéfices de fin d'année : c'est en proportion

du travail fait, non pas des quantités vendues, des
prix de vente ou des profits encaissés, qu'il est
rémunéré. Ainsi sa rétribution dépend uniquement de ses efforts et non de l'habileté de la gestion. Il est dégagé par conséquent de toute préoccupation, et n'a aucun prétexte pour vouloir contrôler ou inspirer la conduite des affaires. Ces
primes collectives accordées à tout un atelier ne
sont nullement inconciliables avec les primes individuelles octroyées aux ouvriers les plus diligents, c'est même alors que le système acquiert
toute son efficacité.

Il est bien d'autres combinaisons heureuses
auxquelles l'on peut avoir recours, sans aller jusqu'à la participation proprement dite. Des exemples remarquables ont été donnés par plusieurs
des premières maisons de France et d'Angleterre.
Dans la plupart des chantiers de construction de
navires de la Tamise, l'on a établi depuis bien des
années une organisation qui a son mérite. Un certain nombre d'ouvriers s'associent pour faire ensemble un ouvrage, ils traitent à forfait avec l'industriel. Pendant le cours de la fabrication, un à-
compte leur est donné chaque semaine; ils se le
partagent d'après les conventions qu'ils font entre
eux. Ils reçoivent et se divisent le solde quand

l'ouvrage a été terminé. Les ouvriers deviennent ainsi de véritables entrepreneurs, et les relations du patron avec eux sont singulièrement simplifiées ; presque toutes les questions irritantes disparaissent : ce sont les ouvriers qui se répartissent mutuellement le gain collectif. Deux usines françaises de premier ordre, la société Cail et la compagnie de Fives-Lille ont adopté un système analogue. Pour chacune des opérations, les employés et ouvriers de ces maisons forment une association temporaire qui entreprend la besogne à forfait dans des conditions déterminées. L'administration de l'établissement, agissant comme un commanditaire bailleur de fonds, fournit ses ateliers, son matériel de machines et d'outils, ainsi que toutes les matières. Des salaires, préalablement fixés à un taux modique, sont distribuée pendant le cours de l'opération à titre de prélèvement sur le prix convenu. Lorsque le travail est achevé, l'excédant est réparti entre les collaborateurs. Tous les travaux de détail ou d'ensemble qui se font dans les divers ateliers pour la construction des machines sont, autant que possible, l'objet de pareils marchés à forfait entre l'établissement et des groupes peu nombreux d'ouvriers. Il n'y a rien là de semblable à la participation aux bénéfices, mais c'est un mécanisme ingénieux, régulier, d'un jeu facile, qui donne lieu à peu de frottements et de dangers. C'est une véritable association coopérative de production — avec ce double avantage, que l'ouvrier est dégagé de la partie commerciale de l'entreprise, et qu'il n'a pas besoin de risquer des capitaux. Son ardeur au travail en est stimulée, une sorte de discipline salutaire s'établit dans ces groupes d'ouvriers associés. Grâce à ce système, la rémunération est plus élevée de 25 p. 100 que dans les maisons où le travail à la tâche n'est pas soutenu par de pareils encouragements. Cette organisation tend à se répandre dans l'industrie des machines. On cite des usines de second et de troisième ordre qui suivent sur ce point l'exemple de la société Cail et de la compagnie de Fives-Lille. Tels sont les ateliers de M. Pinet, constructeur de machines agricoles à Abilly (Indre-et-Loire). Ces combinaisons peuvent aussi s'introduire dans la petite industrie. A Amsterdam, les ouvriers tailleurs de diamants travaillent dans de vastes fabriques, mais ils sont de véritables entrepreneurs qui louent seulement au patron la place qu'ils occupent et la force ou les instruments qu'ils emploient. On a vu, en d'autres pays, se constituer des sociétés pour la location de forces motrices. Moyennant un prix débattu, elles mettent l'ouvrier en état de travailler pour son propre compte et de tirer ainsi parti des engins de la grande industrie sans cesser d'être façonnier ou petit patron. Il serait téméraire de vouloir mesurer les améliorations ou les changements que l'avenir et les progrès de la science peuvent nous réserver dans cette voie. Quoi qu'il en soit, c'est bien plutôt en perfectionnant le travail à la tâche, en variant, suivant les besoins et les facilités des diverses industries, les combinaisons et les modes auxquels il peut se prêter, c'est bien plutôt par ces améliorations de détail que par l'établissement de la participation aux bénéfices, qu'on peut servir le développement de la production et élever la rémunération de l'ouvrier.

Nous ne sommes pas partisan des systèmes, nous ne croyons pas à une solution unique de la question ouvrière; mais nous regardons comme possible et comme efficace la propagation de beaucoup de procédés ou de fondations qui sont encore aujourd'hui à l'état d'exceptions. M. Charles Robert cite comme exemple de la participation de l'ouvrier aux bénéfices du patron toutes les œuvres si variées et si philanthropiques qui ont été créées par de grands industriels, et spécialement par les manufacturiers d'Alsace. Certes ce sont de nobles et glorieuses institutions que ces écoles, ces maisons ouvrières, ces lavoirs publics, ces crèches, ces pensions de retraite, qui sont dus aux sacrifices des filateurs ou des indienneurs de Mulhouse, de Guebwiller et de Wesserling; ce sont des noms vénérables et dignes de vivre dans la mémoire des hommes que les noms des Dollfus, des Kœchlin ou des Bourcart; on éprouve une jouissance patriotique, on sent grandir en soi le respect de l'humanité et de l'industrie quand on parcourt l'enquête du dixième groupe à l'exposition universelle de 1867 ou le livre de M. Eugène Véron sur Mulhouse. Cependant, voir dans ces créations spontanées de généreux philanthropes une application du système de la participation aux bénéfices, c'est commettre une confusion qui peut fausser les idées populaires. Assurément ces manufacturiers éminents prenaient sur leurs gains annuels les sommes qu'ils consacraient à leurs collaborateurs ou à leurs subordonnés en œuvres de rédemption; mais en agissant ainsi ils n'obéissaient pas à un contrat, ils ne remplissaient pas un engagement synallagmatique, ils se soumettaient aux exigences de leurs propres consciences. Alors même que ces libéralités devenaient pour eux fructueuses en formant un personnel d'ouvriers habiles et dévoués, c'étaient néanmoins des actes de générosité toute spontanée et volontaire. Un certain nombre d'industriels ou de compagnies ont introduit dans les règlements de leurs maisons certaines clauses en vertu desquelles des sommes destinées au secours, aux écoles, aux pensions, doivent être prélevées sur les bénéfices annuels jusqu'à concurrence de tant pour cent; ce n'est pas là ce que les ouvriers revendiquent quand ils réclament la participation aux bénéfices du patron. Il faut en pareille matière parler sans ambages le langage le plus net et le plus précis. Or dans toutes les langues il n'est qu'un mot pour désigner des institutions comme celles des contrées industrielles de l'Est : ce sont des fondations de bienfaisance. Nous savons que notre démocratie a parfois des susceptibilités excessives, et qu'il est des termes, tels que bienfaisance, reconnaissance et respect, qu'elle voudrait rayer du vocabulaire moderne. Il faut protester contre cette barbare façon d'entendre le droit, qui supprimerait tout ce qu'il y a de généreux et de tendre dans l'âme humaine. Une société qui ne laisserait aucune place dans son sein aux œuvres charitables ne tarderait pas à être frappée d'anémie et à s'affaisser ou s'éteindre. Ainsi toutes ces institutions

fécondes, nées de l'initiative des patrons, ne sauraient, sans une confusion évidente, être assimilées
au système de la participation aux bénéfices.

Il en est de même pour un autre procédé qui,
dans une certaine mesure, peut produire d'heureux effets : c'est celui qui consiste à placer les
épargnes de l'ouvrier dans l'établissement où il
travaille; on met à sa disposition des actions ou
des coupures d'actions de peu de valeur et payables
par des versements successifs. Une usine du nord
de la France a divisé ainsi son capital en parts
de 50 francs. On peut de cette manière stimuler
dans le personnel des fabriques le goût de l'économie et faire fructifier ses épargnes; mais, outre
que tous établissements ne peuvent se constituer
en sociétés par actions, il ne faut pas oublier que
l'industrie est de sa nature exposée à des risques,
qu'il est des moments de crise où les maisons les
plus solides chancellent pour ne plus se relever,
et que l'obole du pauvre, qui doit toujours être
sacrée, peut se trouver compromise en courant
les aventures. Il est des vérités qu'une certaine
école de réformateurs semble constamment perdre
de vue, et qui sont pourtant incontestables : c'est
que l'industrie est soumise à des aléas, c'est que
tous les établissements ne font pas fortune, c'est

qu'il y a parfois des périodes de perte, de décadence et de chute qui succèdent à des périodes de prospérité et de croissance.

Nous venons d'étudier diverses mesures que l'on a rangées à tort sous la dénomination de participation des ouvriers aux bénéfices, nous avons constaté tout ce que l'on peut attendre de ce genre d'améliorations et de réformes; il nous reste à examiner ce qu'est la participation proprement dite, les ressouces qu'elle peut fournir, les inconvénients qu'elle présente, et à rechercher l'avenir qui lui est réservé.

II

Un premier type s'offre à nous pour former une transition entre les combinaisons que nous venons de passer en revue et le système de la participation dans toute sa pureté. Ce premier type, nous le rencontrons dans les mines de Cornouailles, en Angleterre, et dans la maison de marbrerie de MM. Parfonry et Lemaire, à Paris. Il consiste à concéder aux ouvriers, outre leur salaire habituel, tant pour cent sur le total des ventes de l'année. L'on a voulu de cette manière prévenir une immixtion de la main-d'œuvre dans le détail des comptes et de la gestion, tout en l'intéressant au mouvement des affaires. Il est difficile de voir dans cette forme d'encouragement, qui peut donner en bien des cas d'excellents résultats, une association véritable de l'ouvrier aux profits de l'entrepreneur ; c'est bien plutôt une prime à la production.

Après avoir ainsi éliminé tous les procédés qui ne présentent pas les caractères tranchés de la participation réelle des ouvriers aux bénéfices, nous abordons cette organisation du travail si vantée que l'on a appelée « le nouveau contrat. » Il en existe trois types différents et remarquables par des côtés divers : l'un nous est fourni par l'entreprise de peinture en bâtiment de MM. Leclaire, Defourneaux et Cᵉ; le second par la compagnie du chemin de fer d'Orléans ; quant au troisième, il faut l'aller chercher en Angleterre dans les mines de houille de MM. Briggs à Whitwood et Methley Junction. Chacun de ces types mérite une étude spéciale et minutieuse.

Il est important d'examiner attentivement ces exemples de la participation aux bénéfices et de chercher s'ils prouvent en réalité que ce système puisse universellement s'appliquer et donner partout de bons résultats. N'y a-t-il pas dans les établissements où il fonctionne des conditions particulières de production qui expliquent la réussite de ce régime anormal? Les maisons où ce mode d'association entre ouvriers et patrons a porté de bons fruits ne présentent-elles pas, malgré leur diversité apparente, des caractères communs qui les différencient profondément des industries habituelles?

C'est un modeste entrepreneur de peinture en bâtiment, M. Leclaire, qui a inauguré en 1842 le système de la participation aux bénéfices. Il n'a cessé de le pratiquer depuis lors ; il est arrivé à la fortune ; il a élevé d'une manière inconstestable la position de ses ouvriers, et il s'est livré à une propagande active en faveur du régime dont il a été le fondateur. Trente ans de succès, le mérite rare d'avoir conduit à bien une tentative que beaucoup pouvaient croire désespérée, ont valu à M. Leclaire une réputation presque européenne. Au début, il avait eu à traverser une période difficile : le gouvernement de juillet avait contrarié ses projets en lui refusant l'autorisation de réunir ses ouvriers pour leur expliquer ses plans ; quelques années après, la révolution de 1848 était survenue. L'œuvre de M. Leclaire a surmonté heureusement tous ces obstacles, elle est aujourd'hui consacrée par une prospérité continue et croissante. C'est qu'elle a son appui d'un côté dans la valeur de l'homme qui l'a conçue et dirigée, de l'autre dans la nature des choses et dans les conditions spéciales de l'industrie à laquelle elle s'applique.

Une exacte observation de la pratique de son métier avait appris à M. Leclaire qu'en excitant le zèle des ouvriers peintres, l'on peut obtenir un supplément de produit de 75 centimes par tête d'ouvrier et par jour, savoir : 50 centimes par une plus grande activité de travail, 25 centimes par l'économie de la couleur et le soin des ustensiles; la maison occupant 300 ouvriers, c'était une somme de 225 francs par jour ou de 70,000 francs environ par an que l'on pouvait encaisser comme surcroît de bénéfices nets, si l'on parvenait à stimuler l'ardeur et l'attention de la main-d'œuvre. Pour arriver à un pareil résultat, M. Leclaire ne vit d'autre moyen que de s'associer ses ouvriers dans une certaine mesure et de leur distribuer une large part de ses profits. La première année (1842), il leur répartit ainsi 12,200 fr., la seconde année plus de 17,000 fr., la troisième année le dividende dépassait 18,000 francs et il ne cessa de croître depuis lors.

Quelle est maintenant l'économie du système ? Les bénéfices nets se divisent en trois parts : 50 pour 100 sont distribués individuellement aux ouvriers, au prorata du travail de l'année, proportionnellement au traitement ou au salaire de chacun d'eux; 25 pour 100 sont versés dans la caisse des pensions viagères; 25 pour 100 sont attribués au patron directeur, qui reçoit en outre un traitement fixe de 6,000 francs. Les ouvriers se partagent en deux catégories, les associés et les auxiliaires. Les premiers sont élus par l'assemblée générale, ils doivent connaître parfaitement leur métier et savoir lire ainsi qu'écrire ; ils sont aujourd'hui au nombre de 90, soit environ le tiers du personnel. Les simples auxiliaires, qui ne touchent pas de dividende, reçoivent en compensation un supplément de paye de 50 centimes par jour. Les versements considérables faits depuis près de trente ans à la caisse des secours mutuels et prélevés sur les bénéfices de l'établissement ont permis d'organiser l'assistance et l'assurance de la manière la plus large. Des pensions de retraite, au minimum de 500 fr. et au maximum de 1,000, sont acquises aux membres de la société de se-

cours mutuels qui ont cinquante ans d'âge et vingt
ans de service, ainsi qu'à ceux que des accidents
ou des infirmités mettent hors d'état de gagner
leur vie. Les veuves et les orphelins ont des demi-
pensions. Pour faire partie de la société de secours
mutuels et jouir de ces avantages, il faut travailler
dans la maison depuis cinq ans, être associé aux
bénéfices et avoir été admis par l'assemblée générale. Cette société de secours est richement dotée,
elle possède 21,000 fr. de rentes, elle a apporté
200,000 fr. dans l'entreprise industrielle et se
trouve ainsi commanditaire de la maison. Telle
est l'organisation financière.

Il nous reste à faire connaître la distribution des
pouvoirs et du contrôle. Le patron représente la
maison et en dirige seul les opérations. Il est de
principe que sa gestion doit être complétement
indépendante, et il ne paraît pas que jusqu'ici il
y ait eu de la part des ouvriers des tentatives illé-
gitimes d'immixtion. Un comité de conciliation,
composé de neuf membres, dont cinq ouvriers et
quatre employés, est nommé au scrutin secret par
l'assemblée générale des associés aux bénéfices.
Toutes les difficultés intérieures sont de la compétence de ce conseil. Le renvoi d'un ouvrier associé ne pourrait être prononcé sans son assenti-

ment et sauf recours à l'assemblée générale. Les chefs d'atelier, qui sont actuellement au nombre de trente, sont élus pour un an par l'assemblée des associés aux bénéfices; le patron peut les révoquer, mais, sauf le cas d'immoralité ou d'improbité constatée, ils sont rééligibles. La comptabilité est tenue par des employés associés aux bénéfices et recrutés parmi les chefs d'atelier. L'assemblée générale des ouvriers associés nomme en outre chaque année, au scrutin secret, deux commissaires chargés, avec le président de la société de secours mutuels, de prendre connaissance de l'inventaire et de constater la régularité du partage des bénéfices entre les ayants droit.

La constitution de la maison Leclaire offre le meilleur modèle des établissements de ce genre, et l'on voit combien de précautions ont été prises pour fixer une délimitation nette entre le droit de contrôle des associés et le droit de direction du patron. Chose étrange, ni de l'un ni de l'autre côté cette démarcation n'a été franchie. C'est cependant une vérité d'expérience que le pouvoir exécutif finit toujours par échoir aux assemblées, qui ont un droit reconnu de surveillance; mais les ouvriers de la maison Leclaire semblent être toujours restés dans les bornes de la prudence et n'avoir jamais eu de visées plus ambitieuses que celles qui leur étaient reconnues par leurs statuts : heureux exemple que l'on invoque comme un précédent, et dans l'efficacité, la fécondité duquel nous voudrions avoir pleine confiance. C'est par ces mœurs, plus encore que par ces institutions, qu'il a été possible à cette association de patrons et d'ouvriers d'arriver à une situation unique dans le monde industriel. La maison Leclaire fait aujourd'hui pour 1,500,000 francs d'affaires par an : c'est un chiffre élevé pour une pareille profession.

Un certain nombre de fabricants se sont mis, depuis quelques années surtout, à adopter le même système. Deux entrepreneurs de peinture, M. Lenoir et M. Voiron, ont voulu imiter leur confrère. Ils ont organisé, eux aussi, dans leurs ateliers, le régime de la participation aux bénéfices. L'avenir seul démontrera si cette émulation aura été prudente ; nous n'avons aucune répugnance à croire au succès de ces tentatives dans une semblable industrie.

Un facteur de pianos, M. Bord, a recouru aussi à l'association des ouvriers aux profits de l'entreprise : il l'a même établie d'une manière plus démocratique encore et plus large que les autres industriels parisiens. Dans la maison Leclaire, en effet, les ouvriers associés forment seulement une élite; quoique le système y fonctionne depuis près de trente ans, sur un personnel de plus de 300 ouvriers, on n'en compte que 90 qui participent aux bénéfices. La proportion est la même dans les autres établissemens que nous avons cités; chez M. Voiron, 15 ouvriers seulement sur 65, et chez M. Lenoir 20 sur 60 sont associés. M. Bord est moins exclusif. Il admet à la participation tous ceux qui prennent part à l'œuvre commune, depuis le premier employé jusqu'aux hommes de peine et au concierge. Des dividendes, qui ont varié de 10 à 20 pour 100 du montant des salaires, c'est-à-dire de 180 à 360 francs, ont été répartis dans ces quatre dernières années aux ouvriers et employés de cette fabrique de pianos.

Que conclure de ces précédents? quelles espérances fonder sur la réussite de ces premiers essais? Faut-il, comme beaucoup de publicistes, croire à la rénovation de notre monde industriel, à l'apparition d'un nouvel ordre social, parce qu'un mode ingénieux d'organisation du travail se sera montré efficace dans un champ restreint? Ce serait pousser bien loin les démonstrations par analogie. Il convient, croyons-nous, d'être plus réservé et plus modeste, et de tirer de moindres conséquences de faits aussi circonscrits et aussi peu variés.

L'examen attentif des circonstances qui ont favorisé l'essor de la maison Leclaire nous mettra en garde contre ces entraînements auxquels le public superficiel n'est que trop sujet. Ce qui nous frappe d'abord, c'est que dans la peinture en bâtiment la main-d'œuvre joue vis-à-vis du capital un rôle très-prépondérant. Ce que sont dans une pareille industrie les ateliers, les ustensiles, les frais généraux, il n'est personne qui ne puisse facilement s'en rendre compte. Il n'y a pas là de ces établissements énormes, munis de machines puissantes, dévorant le combustible ou la fonte, et dans lesquels l'homme semble comme égaré et sans action. Tout dépend, au contraire, de l'ouvrier quand il s'agit de peindre, d'enduire ou de vernir un mur, une porte ou une surface quelconque. Son activité au travail, sa préoccupation d'épargner la matière première, c'est-à-dire la couleur, ce sont là les éléments principaux du succès.

Une autre circonstance également grave et qui mérite d'être remarquée, c'est que dans une pareille industrie le rôle du patron est très-secondaire et presque effacé; il n'a pas besoin de vastes facultés d'organisation ni d'une grande capacité commerciale, il n'a pas beaucoup à combiner, à prévoir, à innover : de l'exactitude, de la régularité, on ne lui demande pas autre chose. Il pourrait être un simple teneur de livres, et la maison n'aurait guère à en souffrir; mais un autre point sur lequel il faut surtout insister, c'est que ce genre d'industrie ne permettait presque aucun des encouragements que nous avons signalés dans la première partie de cette étude. Le travail, se faisant au loin, ne peut se faire qu'à la journée; il eût été difficile de l'encourager par ces primes qui développent si bien le travail aux pièces. Ce qui est plus grave encore, la surveillance est impossible, on peut la considérer comme nulle, et l'ouvrier a toute liberté de se livrer à ses instincts d'indolence ou de gaspillage; s'il est actif, s'il est soigneux, c'est par bonté de nature, par goût de l'ordre, par rectitude, non par intérêt personnel.

L'on conçoit qu'une industrie où le patron est aussi dépourvu de garanties, de moyens de surveillance et d'encouragement dût être désignée d'avance à un mode d'organisation comme la participation aux bénéfices. La fabrication des pianos, où ce système vient aussi de s'introduire, présente plusieurs caractères analogues. Là, le travail aux pièces est possible, il est même habituel, les cinq sixièmes des ouvriers y sont soumis ; mais la main-d'œuvre a aussi une très-grande importance, la matière première a du prix et doit être ménagée, traitée délicatement, avec une conscience de propriétaire. Les primes peuvent s'établir dans cette industrie, sans y avoir cependant toute l'efficacité qu'elles acquièrent dans une filature, un tissage mécanique ou une usine métallurgique ; dans ces travaux si fins et qui touchent presque à l'art, il est moins aisé de prévenir ou de constater les malfaçons, les déchets et toutes ces fautes qui nuisent au patron et écartent le consommateur.

Nous avons examiné les conditions propres aux industries où la participation aux bénéfices a réussi, il convient aussi de signaler des circonstances accessoires qui n'ont pas été étrangères à ce succès. Quand le système nouveau eut été introduit dans la maison Leclaire, la presse commença de s'en occuper ; le nom de cet industriel ingénieux revint souvent dans les journaux de toute nuance, des publicistes éminents se chargèrent de le rendre célèbre ; pendant près de trente ans, il se fit autour de cet établissement une

constante et universelle réclame. Sous le gouvernement impérial, la participation aux bénéfices
obtint la faveur d'en haut; des solennités annuelles
présidées par des ministres ou des conseillers d'É-
tat réunirent dans l'enceinte des ateliers de M. Leclaire un public d'élite en goût d'innovations sociales. Est-il bien étonnant qu'une maison industrielle ait profité de ce bruit, de cette propagande,
que tant d'appuis extérieurs lui aient valu une rapide augmentation de clientèle? La faveur offi-
cielle n'était pas seulement une recommanda-
tion morale, il est bien probable qu'elle a été
aussi un patronage effectif. Il est naturel qu'on
adresse des commandes à un établissement pour
lequel on a tant d'éloges.

Cette situation exceptionnelle influait non-seulement sur le développement des affaires, mais
encore sur la conscience et la conduite des ouvriers de la maison. A force d'être pris comme
exemple, d'être proposés à l'admiration et à l'i-
mitation de tous, ils finirent par se convaincre
qu'ils étaient un corps d'élite, et cette conviction,
par l'esprit de dignité, par l'énergie morale qu'elle
entraînait avec soi, se transforma bientôt en réalité. Il faudrait méconnaître la nature du cœur
humain pour ne se pas rendre compte du ressort

puissant que constituent de pareils sentiments et de semblables idées. Il y avait une sorte d'esprit de secte et de rigorisme ascétique dans cette réunion d'ouvriers que la presse élevait sur un piédestal et exposait aux regards de tous ; mais ce serait commettre une bien grave erreur psychologique que de croire à la généralisation possible de ces mœurs et de cette conduite, qui puisaient leur principe dans la situation exceptionnelle et le petit nombre des ouvriers associés. Si l'association devenait le fait habituel, le ressort ne se détendrait-il pas ? De même que l'on voit les religions en minorité dans un pays inspirer à leurs fidèles une piété plus haute, une foi plus agissante, n'arrive-t-il pas, quand elles ont gagné la majorité, que leur influence s'affaiblit, le frein moral se relâche, les mœurs se corrompent ?

Le second type de la participation des ouvriers aux bénéfices nous est fourni par la compagnie du chemin de fer d'Orléans. Assurément, à première vue, rien ne ressemble moins aux modestes ateliers de peinture en bâtiment de M. Leclaire que cette immense exploitation qui traverse et sillonne tout l'ouest et le sud-ouest de la France. Les partisans absolus du système que nous examinons peuvent s'autoriser de la différence de proportions et de conditions de ces deux industries pour conclure à l'efficacité universelle du régime qu'ils ont entrepris de prôner. Vanité et illusion des apparences! en dépit de ces dissemblances extérieures, les ouvriers de la compagnie du chemin de fer d'Orléans se trouvaient dans une situation parfaitement analogue à celle des ouvriers de la maison Leclaire; les uns et les autres ne pouvaient être stimulés que par les mêmes moyens. Un peu de réflexion suffira pour nous en convaincre.

Dans une exploitation de chemin de fer, le matériel a, il est vrai, une importance énorme et complétement disproportionnée avec la valeur de la main-d'œuvre, voilà ce qui frappe les regards dès l'abord ; mais ce matériel, l'ouvrier n'a pas à s'en servir comme engin de fabrication, il a seulement pour tâche de l'entretenir, de le maintenir en bon état, de le ménager, de l'user aussi peu que possible. L'employé de chemin de fer doit être attentif, soigneux, circonspect, pour ne pas détériorer une richesse considérable, qu'il manie tous les jours et qu'il a mission de conserver. Il est évident qu'en pareille matière le zèle et la bonne volonté ont une influence considérable; en outre la surveillance est presque impossible pour tous ces détails du service : les employés sont disséminés, il n'est pas aisé de constater les dégâts qu'ils font ou qu'ils laissent faire, on est littéralement à leur merci. L'organisation du travail à la tâche est inapplicable pour l'immense majorité des cas; les primes à la production ne peuvent être davantage introduites dans une exploitation de ce genre, puisque l'employé ne fabrique pas, qu'il ne fournit aucun résultat matériel que l'on puisse mesurer par des procédés exacts et mathématiques. Ainsi tous les aiguillons qu'emploie avec plein succès la grande industrie sont exclus d'une administration de chemin de fer. Ce qu'il y faut, ce sont des primes à la conservation, c'est-à-dire au bon entretien de ce matériel immense, et, pour être efficaces, ces primes doivent être collectives, il faut qu'elles se répartissent entre tout le personnel pour stimuler l'énergie et le zèle de chacun. Cette fonction est admirablement remplie par la participation des ouvriers aux bénéfices nets de l'entreprise, car ces bénéfices n'étant calculés que déduction faite des frais de réparation et de renouvellement du matériel, l'employé se trouve intéressé à diminuer autant que possible le montant de ces frais.

Aussi la compagnie du chemin de fer d'Orléans

a-t-elle bien agi en décidant que, après un certain dividende versé aux actions, il serait prélevé 15 pour 100 du surplus pour être distribué entre les employés. Cette participation s'applique à tous ceux qui sont commissionnés à l'année, c'est-à-dire nommés par décision du conseil d'administration; elle comprend les contre-maîtres, les surveillants et concierges des gares, les garçons de bureau, les agents fixes des ateliers, les chauffeurs, les poseurs de rails à l'année, les gardes-barrières, les graisseurs, les femmes du service de salubrité, Il n'est pas une de ces personnes qui, par négligence ou mauvais esprit, ne put détériorer impunément le matériel de l'exploitation, il n'en est pas non plus que l'on pût encourager par un autre procédé que par l'octroi d'une quote-part des é-néfices. Ici cependant apparaît un défaut grave du système de l'association.

Pour peu que l'on examine le chiffre du dividende collectif réparti dans ces vingt dernières années aux ouvriers et employés de la compagnie d'Orléans, l'on constate une situation regrettable, mais qui est dans la nature des choses : c'est que depuis dix-sept ans ce dividende collectif n'a point cessé de décroître, alors que dans la même période le nombre des co-partageants n'a pas cessé d'augmenter. En 1853, la compagnie répartissait 1,966,963 francs entre 3,365 personnes ; en 1868, elle ne distribue que 1,775,559 francs entre 11,376 employés. La réduction est des trois quarts au moins pour chaque employé, ce qui est infiniment regrettable, parce que les ressources diminuent ainsi chaque année, quoique le prix des choses s'accroisse ; cela doit à la longue affaiblir le zèle de ces modestes travailleurs, qui, voyant leur part se réduire par une progression continue, doivent finir par se demander si le système de l'association n'est pas un leurre.   -

Et cependant la volonté des hommes ne peut rien contre cette situation. En effet, à mesure que le réseau du chemin de fer s'étend, l'on exploite des lignes moins productives, qui rapportent tout au plus l'intérêt des frais d'établissement, qui entament même les bénéfices nets au lieu de les augmenter ; d'un autre côté, il faut doubler et tripler le personnel pour suffire à cette extension du service.

Malheureusement ces faits ne sont pas exceptionnels, on peut même les ériger en règle générale sous la formule suivante : toutes les fois qu'un industriel double sa production et le nombre de ses ouvriers, il n'augmente pas ses bénéfices dans la même proportion ; c'est une vérité d'expérience. Voyez les maisons de banque ou les sociétés anonymes qui doublent leur capital; il n'arrive jamais que le dividende reste le même pendant les années qui suivent cette opération.

C'est là une chose grave au point de vue qui nous occupe ; il en résulte que, sous le système de la participation, le fabricant qui augmente son industrie et qui accroît le nombre de ses ouvriers est réduit à cette alternative : ou ne pas admettre les nouveaux venus sur le même pied que les anciens ouvriers au partage des bénéfices, ou prendre sur la part de ceux-ci pour distribuer à ceux-là. Les réformateurs ne s'occupent guère de ces minuties, ils citent à l'appui de leur thèse absolue l'exemple de la compagnie du chemin de fer d'Orléans, sans se douter que cet exemple est moins probant et moins décisif, quand on prend la peine de l'examiner de près.

Le troisième type du système de la participation des ouvriers aux bénéfices du patron nous est offert par les houillères de MM. Briggs, à Whitwood et Methley Junction, près de Normanton, en Angleterre. C'est le 1ᵉʳ juillet 1865 que ces hardis industriels inaugurèrent dans leur exploitation ce régime nouveau. Ils avaient été troublés auparavant par bien des grèves successives, qui avaient duré ensemble soixante-dix-huit semaines. Par suite de ces chômages et des désordres qu'ils entraînaient, MM. Briggs retiraient à peine l'inté-rêt de leurs capitaux. Pour sortir de cette situation désespérée, ils prirent un parti héroïque, et les résultats obtenus jusqu'à ce jour leur donnent pleinement raison. Ils transformèrent leur maison en société par actions, retinrent entre leurs mains les deux tiers du capital ainsi divisé en coupures minimes, et mirent l'autre tiers à la disposition des ouvriers, des employés et des clients de la houillère : ils se réservèrent formellement la pleine et entière direction de l'entreprise ; mais ils ne s'arrêtèrent pas à cette modification, si consi-dérable qu'elle fût.

L'innovation la plus importante de leur plan était consacrée par une clause qu'il faut citer tex-tuellement. « Afin d'associer d'une manière de plus en plus intime les intérêts du capital et du travail, les fondateurs de la compagnie informent les ouvriers que, toutes les fois qu'après prélève-ment de la somme nécessaire pour l'amortisse-ment du capital et autres affectations légitimes, le bénéfice à partager dépassera 10 pour 100 du ca-pital engagé, toutes les personnes travaillant pour la compagnie, soit comme employés ou agents à traitement fixe, soit comme ouvriers, recevront la moitié de cet excédant à titre de boni, lequel excédant sera distribué entre elles au marc le franc de leurs salaires respectifs, tels qu'ils ont été pendant l'année où le bénéfice a été réalisé. » Le partage des bénéfices n'avait donc lieu qu'après un prélèvement de 10 pour 100 comme intérêt du capital ; or jamais ce chiffre n'avait été atteint dans les années qui avaient précédé la transformation de l'entreprise.

Par l'effet de circonstances favorables et des conditions spéciales à l'industrie des houillères, le nouveau plan se montra fécond dès l'abord. Une répartition égale à 7 1/2 pour 100 du salaire annuel put être faite à la fin du premier exercice. Cet heureux début stimula les ouvriers, et la seconde année la répartition fut de 10 pour 100 environ des salaires de chaque travailleur ; elle fut plus importante encore les années suivantes. En outre l'harmonie paraît s'être rétablie dans l'exploitation entre le patron et ses subordonnés. Auparavant tous les ouvriers faisaient partie d'une ou plusieurs *trades unions*. Depuis l'établissement de la participation aux bénéfices, un très-petit nombre seulement restèrent fidèles à ces pernicieuses associations. Le capital retira aussi d'amples avantages du nouveau système; déduction faite de la part attribuée au travail, il perçut des intérêts et dividendes toujours supérieurs à 10 pour 100 et qui atteignirent 13 1/2. Un nombre notable d'ouvriers ont pris des actions, qui font actuellement prime. Ce sont là d'heureux résultats qui servent de puissants arguments aux partisans absolus du système de la participation. Certes on ne peut nous accuser d'en méconnaître l'importance ou de chercher à les atténuer ; mais il faut se garder de généralisations précipitées. Parce qu'une organisation du travail s'est montrée efficace dans une houillère, on ne peut conclure qu'elle doive l'être de même pour une autre industrie.

Si l'on examine de près ce dernier type du système de la participation aux bénéfices, on voit qu'il se rapproche beaucoup des deux précédents. La main-d'œuvre a une influence prépondérante dans la bonne exploitation d'une houillère, le capital ne joue dans une pareille entreprise qu'un rôle subordonné. Environ 70 pour 100 du prix total de l'extraction sont représentés par les salaires payés pour le travail manuel accompli sous terre ; 12 ou 15 pour 100 sont formés par le prix de matières dont le gaspillage ou l'emploi abusif peut être prévenu par le bon vouloir et la vigilance de l'ouvrier : c'est de lui qu'il dépend de détacher le charbon en morceaux aussi gros que possible, de réduire la proportion ordinaire du menu, d'opérer avec soin le triage, d'épargner le bois, l'huile, les rails, de maintenir les galeries toujours en parfait état. Le travail à la tâche, les primes à la production et à l'économie des matières premières, sont des éléments insuffisants dans une industrie qui ne comporte pas le degré d'exactitude et de régularité que l'on rencontre dans les filatures, les tissages mécaniques ou les usines métallurgiques.

Combien la surveillance doit être imparfaite au fond de ces puits, il n'est pas nécessaire de le prouver. L'indolence ou le mauvais vouloir peuvent impunément porter au patron un détriment considérable. Pour s'épargner quelques minutes de plus de travail ou de soin, l'ouvrier peut anéantir une valeur de plusieurs livres sterling.

Ainsi l'administration intérieure d'une houillère est une œuvre difficile, les moyens de contrôle et d'encouragement y sont presque toujours impuissants. D'un autre côté, la capacité commerciale des directeurs n'a qu'une faible place dans les résultats de l'entreprise. Il n'y a pas beaucoup à combiner ou à prévoir; l'industrie extractive est par sa nature même rudimentaire, les succès y dépendent surtout de la situation des lieux, de l'abondance des gisements et de la qualité du personnel ouvrier.

Nous venons de passer en revue les établissements où la participation aux bénéfices a réussi; tous nous ont présenté des traits communs qui les distinguent nettement de la généralité des industries. La main-d'œuvre y a une importance prépondérante, soit parce que le capital y est relativement minime, soit parce que le bon entretien de ce capital y dépend complétement du bon vouloir de l'ouvrier; la surveillance y est impossible ou malaisée, parce que les ouvriers sont disséminés; le régime du travail à la tâche, des primes à la production ou à l'épargne des matières, des retenues pour malfaçons, n'y est point d'une application facile et suffisante; enfin la prospérité de toutes ces industries dépend moins de la capacité commerciale des directeurs, de leur entente des affaires, de l'habileté de leurs spéculations que de l'administration intérieure et du zèle du personnel ouvrier.

Il est incontestable que les établissements qui sont dans de pareilles conditions peuvent retirer de grands avantages du système de la participation prudemment organisé ; mais il n'en saurait être de même, à notre sens, pour les ateliers où la production est à la fois plus compliquée et plus régulière, où le capital joue un rôle prépondérant, où l'œil du maître et de ses principaux employés peut aisément embrasser tout les détails de la fabrication, où le succès dépend surtout de l'aptitude commerciale des directeurs. Cette distinction, il importe de la faire et de la maintenir ; elle est capitale, et, pour la perdre de vue, on court les aventures et l'on se prépare d'inévitables déceptions.

Le livre de M. Charles Robert, les pièces justificatives et les exemples qu'il a recueillis viennent complétement à l'appui de cette opinion. Un certain nombre d'établissements autres que ceux que nous avons cités ont voulu adopter le système de la participation aux bénéfices, mais dans tous, sans exception, il a échoué. On peut mettre cet échec au compte des circonstances adverses, c'est là un procédé commode, à l'aide duquel on pourrait tout justifier ; mais tout esprit exact et investigateur découvre une raison plus haute et plus générale qui rend compte de l'insuccès du nouveau régime dans la plupart des industries.

M. Charles Robert cite l'imprimerie Paul Dupont comme un des établissements où l'association des ouvriers avec l'entrepreneur s'est montrée féconde. La participation aux bénéfices y est établie depuis 1848; elle doit donc être arrivée à la période de plein rapport et donner tous les fruits dont elle était susceptible. Eh bien! à quels résultats est-on parvenu ? C'est en 1863 que la répartition faite aux ouvriers a été le plus considérable, et pourtant elle ne s'est élevée qu'à 9,630 fr., qui, après certaines déductions réglementaires, se sont réduits à 7,175 fr. Or la maison Dupont occupait au 31 décembre 1863, dans les ateliers de Paris et de Clichy, 875 ouvriers et employés. La part des travailleurs aux bénéfices, dans l'année où elle s'est trouvée le plus considérable, eût donc été de 8 francs environ par tête; mais l'on n'avait admis au partage qu'un peu moins du quart des ouvriers présents, soit 205 sur 875, et l'on put distribuer à chacun de ces privilégiés un dividende de 35 francs ! Il est permis aux partisans absolus du système de la participation de citer de pareils exemples à l'appui de leur thèse; quant à nous, il nous est impossible de ne pas déclarer que de semblables résultats sont dérisoires, qu'ils constituent un véritable échec, et que, si on peut leur attribuer quelque portée, c'est contre l'efficacité du nouveau régime.

M. Charles Robert s'en réfère en outre à une fonderie en caractères où le système de la participation fonctionne depuis 1848. Il suffit de lire l'extrait des comptes de cette maison en l'année 1868 pour se convaincre de la nullité des résultats obtenus. Le capital ne put toucher que 5 francs 52 centimes pour 100 d'intérêt. Quant aux ouvriers au nombre de 140, ils eurent à se partager 7,050 francs, soit 50 francs seulement par tête, et l'on a soin de nous dire que, pendant la période de vingt ans où la participation aux bénéfices a fonctionné, la répartition ne fut jamais plus considérable.

Un important établissement de filature et de tissage, celui de MM. Steinheil et Dieterlen, à Rothau (Vosges), a voulu également essayer du nouveau régime ; la tentative est trop récente pour avoir pu encore porter des fruits ; mais les fondateurs nous paraissent avoir eux-mêmes fort peu de foi dans le procédé auquel ils ont eu recours. « Quand nous pourrons effectuer une répartition, ce sont leurs propres paroles, nous dirons simplement aux ouvriers : L'année a été bonne, nous tenons à vous faire votre part, la voici. Une part de 5 pour 100 des bénéfices, à répartir individuellement entre 700 ouvriers, donne peu de chose à chacun. Néanmoins, comme généralement une famille compte plusieurs ouvriers, une répartition de 10,000 francs ferait grand bien et grand plaisir. » 10,000 francs distribués entre 700 ouvriers, ce n'est pas tout à fait 15 francs par tête, c'est environ 4 centimes par journée de travail, et ce dividende si minime est annoncé comme éventuel, problématique.

Assurément on ne peut qu'être sympathique aux patrons qui font de semblables essais ; mais l'on doit s'étonner qu'on présente comme une solution du prétendu problème social, comme une institution impérieusement nécessaire, une organisation du travail qui, dans la plupart des industries, pourrait accroître le gain de l'ouvrier de 4 à 15 centimes par jour, et qui par contre produirait dans la majorité des cas d'inévitables troubles, compromettrait l'indépendance du patron et embarrasserait la marche progressive de l'industrie.

Cependant il est des maisons où la participation a été établie et qui ont été moins heureuses encore que celles que nous venons de citer. Telles sont, en Angleterre, la fabrique d'objets de fer de Greening, à Middlesborough, et les forges de Fox and Head, à Salford. Ces deux usines, constituées sur le modèle de la houillère Briggs, n'ont pu distribuer le moindre dividende aux ouvriers. Il ne faudrait pas que de pareils faits pussent souvent se présenter : il est imprudent de promettre sans être sûr de tenir. Le peuple est prompt à s'imaginer qu'on le leurre : en voulant ainsi adoucir les rapports sociaux, on s'expose parfois à les aigrir.

Ces faits démontrent en pratique la complète exactitude de nos observations. Dans une usine où le capital occupe une place prépondérante, par exemple dans une filature de coton où, d'après des évaluations sérieuses, la main-d'œuvre ne formerait pas plus du dixième du prix des produits, où la surveillance du patron et des contre-maîtres est aisée, où la division du travail est parfaite, où le salaire à la tâche, les primes à la production et à l'épargne des déchets sont d'un fonctionnement régulier et mathématique, de quelle importance peut être cette combinaison nouvelle que l'on appelle la participation? L'ouvrier n'est-il pas excité autant qu'il le peut être par ces gains accessoires, fixes et prochains, qu'il dépend de lui, et de lui seul, d'obtenir? Quoi! l'on s'imagine que le travailleur, qui aura été insensible à l'attrait exercé par la perspective du gain immédiat que le travail

à la tâche, les primes à la production ou à l'é-
pargne des matières premières lui peuvent procurer, se laissera fasciner par le mirage d'un bénéfice
éventuel, problématique, de quelques francs en fin
d'année, alors surtout qu'il se rend compte que
la distribution de ce mince dividende dépend non
pas de sa seule énergie, mais de celle de tous ses
camarades? L'esprit humain est rebelle à des appâts aussi incertains. Il lui faut une proie plus
substantielle pour stimuler son ardeur et provoquer ses efforts. Ce ne sont pas d'aussi imperceptibles leviers qui peuvent soulever le poids redoutable de l'inertie et de l'incurie humaines.

Le système de la participation aux bénéfices
conçu comme mode général d'organisation du
travail, c'est non-seulement une utopie décevante,
mais aussi une utopie dangereuse; il contient
un ferment de discorde et un principe dissolvant.
Beaucoup de publicistes regardent ce nouveau régime comme destiné à rétablir l'harmonie, l'accord entre tous les éléments de la production,
l'union intime de toutes les forces sociales. C'est
être la dupe des mots.

Le meilleur moyen de concilier les hommes,
l'expérience journalière nous l'apprend, ce n'est
pas d'enchevêtrer leurs intérêts, de les obliger à

se rendre mutuellement des comptes, de compliquer leurs relations d'affaires. N'est-ce pas une vérité banale, exploitée souvent par le théâtre, que les querelles, les brouilles, parfois même les haines, sont fréquentes entre associés de commerce ou d'industrie? Malheureusement il semble qu'il suffise de parler des plus importantes questions de notre temps pour avoir le droit de perdre de vue les données les plus élémentaires, les leçons les mieux constatées de la vie.

On a fait au régime de la participation deux reproches principaux : l'un, de constituer une association léonine en contradiction avec tous les principes de la science et la justice, puisque l'ouvrier prend sa part des bénéfices sans supporter sa part des pertes; l'autre, d'encourager l'immixtion des travailleurs dans la direction des entreprises. Le premier de ces griefs, nous pouvons l'abandonner; le second, nous n'hésitons pas à le retenir.

On a inventé un grand nombre de combinaisons pour rendre l'ouvrier associé passible des pertes que l'établissement pourrait subir, et on a presque réussi dans cette difficile tâche; mais en même temps l'on a singulièrement compromis l'efficacité du système. Dans quelques établissements, les bénéfices octroyés aux ouvriers ne leur sont pas immédiatement distribués, ils constituent un fonds de réserve qui devrait contribuer à combler le déficit, s'il venait à s'en produire ; dans d'autres maisons, il est stipulé qu'en cours d'entreprise, le compte collectif des ouvriers sera crédité d'une part de bénéfices dans les bonnes années et débité d'une part de perte dans les années mauvaises. Ce sont là des expédients ingénieux, mais ils diminuent singulièrement l'influence pratique du régime de la participation sur le travail et la conduite du personnel des usines. Croit-on en effet que l'esprit de l'ouvrier puisse être vivement frappé et surexcité par la perspective d'accroître un fonds commun exposé à une foule de risques, et sur lequel il n'aurait qu'une part infinitésimale de propriété? Croit-on surtout qu'après une année mauvaise ou médiocre, qui n'aurait permis d'allouer aucune somme au compte collectif des ouvriers, ceux-ci continueraient à user de toute leur vigueur, de toute leur attention, de tous leurs soins, sans se laisser atteindre par le découragement?

D'autres objections beaucoup plus graves doivent être adressées au régime nouveau. Jusqu'ici, la participation n'a pas fonctionné comme système général d'organisation du travail, elle n'existe que comme une anomalie ; elle a été établie d'autorité dans quelques rares maisons. Les industriels qui l'ont constituée s'en sont fait un titre à la reconnaissance du personnel qu'ils emploient ; leur influence morale y a gagné, ils ont pris la position d'initiateurs.

A vrai dire, la participation telle qu'on la rencontre actuellement est une institution de patronage, toute paternelle, presque patriarcale ; ce n'est pas une association véritable où toutes les parties aient des droits, des devoirs, des garanties réciproques. « Je n'admets pas, dit M. Charles Robert, l'immixtion des ouvriers, sous prétexte de contrôle, dans le détail des comptes. Au moment de l'inventaire, le patron en présente les résultats ; il affirme les chiffres d'ensemble par une déclaration qui engage son honneur. Si les ouvriers prétendent que ce n'est pas assez, je réponds que la participation aux bénéfices est un régime fondé sur la confiance, la loyauté et la bonne foi... Tout se passe en famille dans la maison. » — « Il ne s'agit pas, à vrai dire, pour MM. Steinhell et Dieterlen, continue le même auteur, d'un contrat proprement dit avec l'ouvrier, il s'agit plutôt d'un engagement d'honneur envers eux-mêmes. Quand nous pourrons, disent-ils, effectuer une répartition, nous dirons simplement aux ouvriers : L'année a été bonne, nous tenons à vous faire votre part, la voici. »

C'est bien ainsi que les choses se passent aujourd'hui que le régime de la participation n'existe qu'à l'état d'exception et d'enfance ; — pourra-t-il en être de même quand il aura pris du développement ? Une pareille espérance est inadmissible. Il faut bien peu connaître les hommes pour croire de leur part à une si constante soumission ; celui qui a reçu un droit apprend bientôt à en user : il reste rarement en deçà, il va généralement au delà des limites de ses pouvoirs. Pour régler la part des ouvriers aux bénéfices, il est incontestable qu'il faudra leur donner un jour connaissance des écritures, qu'on devra les initier à la marche des opérations pendant l'année ; — voyez que de causes de conflits vont immédiatement surgir ! Ces hommes auxquels on doit des comptes vont prétendre blâmer telle ou telle partie des opérations : cela est naturel, cela est fatal. S'il arrive que le dividende d'une année soit plus faible que celui de l'année précédente, ils s'élèveront contre les dépenses consacrées au renouvellement du matériel, à l'achat de machines nouvelles, aux frais d'entretien, de réparation. Pourront-ils s'empêcher de penser et de dire que l'on améliore le fonds du patron aux dépens de leur intérêt propre ?

Voyez les compagnies par actions, est-ce que les actionnaires n'émettent pas de pareilles exigences ? Est-ce que l'on n'a pas vu, il n'y a que quelques semaines à peine, dans l'assemblée générale d'une de nos grandes entreprises françaises, des intéressés réclamer à tout prix un dividende en consentant même qu'on le prélevât sur le capital ? L'ouvrier associé trouvera toujours à redire aux évaluations du patron, et il aura ainsi une porte ouverte pour se mêler à la conduite des affaires.

-Le régime de la participation crée beaucoup plus de causes de dissentiments qu'il n'en supprime. Et d'abord la proportion des bénéfices octroyés aux ouvriers ne pourra pas être identique dans tous les établissements. Chez M. Leclaire, 75 p. 100 des bénéfices nets sont alloués au personnel de la maison, d'autres entrepreneurs de peinture en bâtiment n'accordent que 25 p. 100, quelques industriels ont cru faire le maximum du sacrifice possible en consentant à une répartition de 5 p. 100. Aujourd'hui, le système de la participation n'existant qu'à l'état d'exception et de faveur, les ouvriers supportent sans mot dire ces différences; mais il n'en sera pas toujours ainsi. Quand cette organisation du travail sera devenue générale, ils se demanderont pourquoi la proportion des bénéfices qu'on leur abandonne est si inégale dans les diverses industries. Auront-ils les connaissances économiques nécessaires pour comprendre les causes naturelles et fatales de cette inégalité? Auront-ils surtout la sagesse pratique indispensable pour les accepter et s'y soumettre?

Ce ne sont pas là les seuls germes de discordes que recèle le régime de la participation conçu comme mode général d'organisation du travail. Supposons que l'on soit arrivé à déterminer d'une manière identique pour toutes les maisons d'une même industrie la proportion des bénéfices qui doit être laissée aux ouvriers, croit-on que l'on aura ainsi écarté toutes les causes de mésintelligence? Ce serait gravement se tromper.

L'on ne pourra jamais faire que tous les établissements atteignent le même degré de prospérité; quel que soit le zèle des ouvriers, il y aura toujours une grande inégalité dans les bénéfices nets que feront les diverses filatures ou les divers ateliers de construction de France. Considérons la branche d'industrie où il serait le plus facile d'introduire le système de la participation, l'industrie des mines et des houillères ; n'y a-t-il pas un écart énorme entre les bénéfices nets de la société d'Anzin et ceux des mines de la Loire ou des mines de Saint-Étienne? Tandis que les actions de certaines houillères de France font une prime considérable, les actions de certaines autres sont bien au-dessous du pair. Il est dans la nature des choses que de pareils faits se produisent ; mais qu'en peut-il résulter? C'est que les ouvriers appartenant aux maisons les plus florissantes auraient une rétribution beaucoup plus élevée que ceux qui seraient attachés à des exploitations moins heureuses, et cependant ces derniers ne seraient peut-être pas moins zélés, ni moins courageux, ni moins habiles que leurs camarades privilégiés.

Une pareille situation serait inquiétante et grosse de périls. Il y aurait là une évidente iniquité qui ferait jeter les hauts cris à tous les philanthropes et qui indignerait tous les gens de cœur. Les ouvriers qui seraient les victimes d'un pareil état de choses accuseraient la mauvaise direction des établissements dont les bénéfices seraient peu considérables ; ils réclameraient non plus uniquement un droit de contrôle, mais un droit de surveillance et de tutelle ; ce serait la conduite même des affaires qu'ils voudraient avoir entre les mains, et, quand ils élèveraient de pareilles prétentions, qui pourrait trouver un argument solide à leur opposer?

Dira-t-on que les bons ouvriers quitteraient les maisons les moins heureuses pour peupler les ateliers les plus prospères? Mais peut-on supposer que les modestes travailleurs de nos grandes industries aillent transporter leurs familles d'un bout de la France à l'autre, laissant leurs affections, leurs souvenirs, leurs intérêts, pour se rendre du bassin de la Loire, par exemple, dans le département du Nord?

On ne peut supprimer l'influence de la capacité personnelle de l'entrepreneur, de son expérience, de sa sagacité, de son tact, de sa prudence; ce sont là les qualités maîtresses qui décident du sort de toutes les importantes usines. Si niveleuses que puissent être les tendances démocratiques de notre temps, il est des vérités qu'il faut avoir le courage de dire : tout ne dépend pas dans l'industrie des bras de l'ouvrier, c'est l'intelligence et la volonté du patron qui sont les éléments primordiaux de la prospérité des vastes établissements. Or, pour tout homme qui réfléchit et examine les choses de près, il est incontestable que le régime de la participation, appliqué à toutes les industries, entraverait l'action bienfaisante de ces facultés directrices sans lesquelles nous ne pouvons concevoir un grand progrès manufacturier. Il est des personnes qui voudraient introduire le suffrage universel dans l'industrie; nous ne pourrions pas, quant à nous, considérer un pareil changement comme une amélioration.

Nous avons étudié les diverses mesures que l'on a groupées sous le nom de participation des ouvriers aux bénéfices; nous avons distingué des procédés heureux, des modes féconds d'encouragement, de répartition des tâches, de rémunérations accessoires. Nous n'avons pas hésité à les recommander; patrons, ouvriers, consommateurs en peuvent retirer une réelle utilité. Quant au système véritable de l'association des ouvriers aux profits de l'entrepreneur, nous avons reconnu que dans certaines industries où la main-d'œuvre joue un rôle prépondérant, où le travail à la tâche et les primes fixes ne peuvent aisément fonctionner, ce système est susceptible de donner de bons résultats; mais nous regardons comme une erreur de vouloir étendre ce régime à tous les ateliers sans exception, parce qu'on s'en exagère les avantages et qu'on s'en dissimule les inconvénients :

ceux-ci sont aussi certains et aussi graves que ceux-là sont généralement médiocres et problématiques.

L'utopie des alchimistes au moyen âge, ce n'était pas de chercher à développer la richesse en passant au creuset les différents corps que recèle la nature; c'était d'espérer découvrir un procédé unique, infaillible, immédiat, pour créer l'opulence. Il en est de même de beaucoup de réformateurs et de philanthropes contemporains. Le monde industriel est plein de variétés et de complications, il convient de les étudier isolément pour rechercher les améliorations dont elles sont susceptibles; mais il ne faut pas espérer appliquer un régime uniforme et complétement nouveau à cette multitude d'établissements si dissemblables par leur nature et par leur objet.

Dans une des dernières séances de la *Société des économistes*, un homme qui ne saurait être suspect à la démocratie même la plus avancée, M. Cernuschi, parlant de la participation aux bénéfices, raillait spirituellement « ces chercheurs de solutions nouvelles de la question dite sociale, qui vont en avant avec une bonne foi, une illusion semblable à celle qu'ont les chercheurs de truffes au pied des chênes. »

20.

Ce ne sont pas seulement des déceptions, ce sont de véritables et sérieux dangers que l'on s'expose à rencontrer dans cette voie. « Les masses ouvrières ont à lutter contre les rigueurs de leur position, disait récemment M. Hippolyte Passy. Ces rigueurs, elles en souffrent et s'en plaignent ; mais d'ordinaire elles les supportent d'autant plus courageusement qu'elles les croient plus fermement n'être qu'un effet des hasards auxquels sont soumises les choses de ce monde. Il n'en est plus ainsi quand on vient leur affirmer qu'il est possible de les alléger ou de les supprimer à l'aide de nouvelles combinaisons économiques, et qu'il suffirait, pour réaliser ces combinaisons, du bon vouloir de ceux à qui on les propose. Dans ce cas, c'est, en éveillant l'idée qu'elles sont victimes des injustices des hommes, susciter chez elles de tristes irritations et ajouter largement aux amertumes qu'enfante inévitablement la comparaison de leur sort avec celui des classes qui en ont un meilleur. »

Ces paroles sont d'un sage. L'on n'est que trop porté de notre temps à encourager les illusions qui règnent dans les classes ouvrières ; on entretient ainsi une fermentation qui est pleine de menaces. Les honnêtes gens devraient s'imposer plus de prudence, il y aurait une grande utilité sociale à éviter les exagérations et les hyperboles. Quand des écrivains consciencieux et instruits décrient le salaire et vont presque jusqu'à le comparer à l'esclavage antique, quand ils proposent des remèdes infaillibles et des panacées, comment la conscience populaire ne se trouverait-elle pas aveuglée? Il n'y a que trop de vulgaires ambitieux qui répètent aux oreilles du peuple souverain les paroles que Villeroi adressait au jeune Louis XV, et qui, lui montrant le capital et les bénéfices qu'il procure, lui disent : Tout cela, sire, est à vous; de tout cela, vous êtes maître. Ces flagorneries de vils courtisans font un devoir à tous les hommes de sens et de caractère de veiller sur leur langage, et de ne laisser échapper aucun mot qui puisse être invoqué à l'appui de ces coupables suggestions.

CHAPITRE II

S'il est un reproche que l'on puisse adresser à
notre siècle, ce n'est assurément pas de refuser
son intérêt au sort des populations ouvrières. Chacun aujourd'hui étudie leur situation et cherche
les meilleurs moyens d'améliorer leur destinée.
Tous les projets qui tendent à ce but et qui semblent réalisables sont assurés de rencontrer la faveur et l'appui du public. Il n'est pas de combinaison ingénieuse qui n'ait été ainsi mise au
jour, appliquée sur une échelle plus ou moins
vaste, et qui n'ait eu son heure de vogue ; mais il
y a dans tous ses plans de réforme et de palingénésie une part irréductible d'erreur qui, donnant
lieu à des espérances démesurées, amène presque
toujours à court délai de pénibles déceptions.

A force d'examiner l'état des travailleurs manuels, on finit par perdre de vue les autres parties

de la société. L'on conçoit pour les premiers une sorte de progrès isolé, un mode spécial et hâtif de perfectionnement. Ces études unilatérales et exclusives conduisent à des théories que la pratique finit bientôt par condamner, et les engouements les mieux fondés en apparence ne tardent pas à disparaître devant la brutale contradiction des faits.

Nous nous proposons d'éviter ici cette cause habituelle de confusion que l'on retrouve dans la plupart des écrits des publicistes contemporains qui ont abordé l'étude de la question ouvrière. Il nous paraît utile, indispensable même, de porter un moment nos yeux sur la bourgeoisie, de chercher par une impartiale analyse des faits économiques quel est le rôle qui lui incombe dans la production, quelle est la fonction essentielle dont elle s'acquitte, et de nous demander s'il serait possible de remplacer ou de limiter son concours.

Existe-t-il dans l'état social une distribution naturelle des tâches? Est-il dans l'ordre des choses que telle ou telle catégorie de personnes et de familles ait des qualités spéciales qui la rendent plus apte que toute autre à une série déterminée de services? C'est là une étude préjudicielle qui doit devancer l'adoption de tout plan nouveau d'organisation du travail. Nous croyons que les écrivains, en très-grand nombre, qui ont consacré leur talent et leur zèle à la propagande des systèmes actuellement en faveur, — la participation aux bénéfices et la coopération, — n'ont point apporté à l'examen de ce sujet un esprit assez dégagé de parti pris. La plupart ont supposé de prime abord qu'à la classe ouvrière étaient échues des aptitudes universelles qui n'avaient besoin que d'être développées par quelques années d'apprentissage ou d'école pour faire qu'elle fût aussitôt en état de remplir toutes les positions et de diriger tous les ressorts du mécanisme social. Aussi lui ont-ils conseillé de quitter immédiatement les vieilles méthodes de travail pour s'adonner à l'association sur la plus large échelle. Ils ont ouvert à ses efforts un champ d'espérances sans bornes, mais où elle a bronché et piétiné dès les premiers pas. C'est qu'on avait admis comme axiome un principe qui aurait eu besoin d'une démonstration rigoureuse. L'on n'avait pas pris garde qu'il y a des qualités et des vertus bourgeoises d'une utilité de premier ordre, et qu'il n'est pas possible d'acquérir en peu de temps.

Nous n'avons assurément pour la bourgeoisie ni tendresse exclusive ni flatterie intéressée : elle a ses défauts, ses vices même, comme toute réunion d'êtres humains; mais son caractère, son esprit, ses traditions, la disposent merveilleusement à un rôle économique qui ne peut être bien rempli que par elle. Pascal a dit avec son grand sens : « Quand l'homme s'abaisse, je l'élève; quand il s'élève, je l'abaisse. » La bourgeoisie dans ces derniers temps a été assez battue en brèche, négligée, perdue de vue ou traitée en parasite et en tyran, pour qu'il soit permis à un esprit froid et impartial de chercher à définir son véritable rôle économique.

I

Notre époque possède au plus haut degré l'esprit de généralisation et d'abstraction. C'est pour elle un procédé familier que de désigner par des formules brèves et absolues les divers éléments qui concourent au développement de la société. Rien de plus usuel que de décomposer dans le langage et d'opposer l'un à l'autre les agents variés qui impriment le mouvement à la production, comme s'il s'agissait de forces naturelles, simples et immuables. L'on met ainsi en regard ces deux facteurs, *le travail* et le *capital*, comme les deux uniques auxiliaires et copartageants que l'on rencontre dans l'industrie. On s'habitue à ne rien voir en dehors de ces dénominations auxquelles on attribue une rigueur scientifique : toutes les parties de la population se laissent atteindre par cette contagion des formules abstraites. Le moindre ouvrier, comme l'homme du monde et l'économiste, parlera sans cesse de l'antagonisme, des prétentions réciproques et des victoires ou des défaites du *capital* et du *travail*, ces frères ennemis entre lesquels l'accord et la paix semblent devenus impossibles.

Cette phraséologie, quand elle sort des livres spéciaux pour se répandre dans le langage courant n'est pas sans propager des erreurs funestes et préparer de graves dangers. A séparer ainsi perpétuellement la société en deux classes, dont l'une est désignée par le mot de *travail* et l'autre par le mot de *capital*, on finit bientôt par croire que le seul attribut de l'une est l'effort sans relâche, comme l'unique fonction de l'autre est la possession exclusive des instruments de production. Telles sont bien, en effet, les idées populaires. Une seule chose distingue la bourgeoisie aux yeux de nos artisans, c'est qu'elle détient les machines, les matières premières et tous les autres objets qui constituent le capital. Aussi arrivent-ils à se demander si la présence de cette classe qu'ils prétendent privilégiée a une réelle utilité économique, et, suivant qu'ils sont enclins aux procédés de justice sommaire ou confiants dans les mécanismes inventés par les novateurs, ils déclarent à la bourgeoisie une guerre ouverte, ou bien ils cherchent à lui faire une concurrence paisible, en essayant de s'acquitter des fonctions qu'elle seule semblait destinée à remplir. Des hommes éclairés accompagnent ou précèdent même les ouvriers sur ce terrain, et les convient à des entreprises auxquelles ils étaient restés jusqu'ici étrangers.

Assurément, si le seul caractère propre à la classe bourgeoise était la possession des instruments de travail, il n'y aurait rien qui pût s'opposer à ce que les ouvriers, par la réunion de leurs épargnes ainsi que par les ressources qu'un bon aménagement du crédit leur fournirait, se fissent commerçants, banquiers, industriels, et réunissent dans leurs mains toutes les fonctions de la vie sociale. Avec un peu d'application et de persévérance, ces tentatives devraient réussir; mais est-il vrai que la bourgeoisie n'ait d'autre rôle et d'autre mission que de détenir les capitaux? C'est là une grande erreur. La bourgeoisie joue dans l'organisme social un rôle plus actif, plus prépondérant, plus difficile à remplir, et dont j'oserai même dire qu'elle seule peut suffisamment s'acquitter.

La classe bourgeoise ou moyenne a deux qualités qui font d'elle le pivot de la société : elle a l'esprit de tradition et l'esprit d'initiative; elle unit l'un et l'autre dans la plus parfaite mesure. Aussi est-elle à la fois un guide et un modérateur. Grâce à ces facultés précieuses, qui semblent s'exclure, mais qu'elle sait concilier, elle est l'agent du progrès régulier et l'âme de la production.

Il est assez de mode aujourd'hui de ne tenir aucun compte de l'esprit de tradition, et cependant il occupe une grande place non-seulement dans la vie morale et intellectuelle, mais dans la vie économique. La tradition, c'est l'expérience des siècles, c'est l'ensemble des sentiments et des idées dont nos ancêtres ont éprouvé la valeur et l'utilité, ce sont les principes d'action, les règles de conduite, les méthodes, les procédés, les habitudes, dont le temps a démontré et consacré l'efficacité. Tout ce précieux trésor, recueilli pièce à pièce par les âges qui ne sont plus, se transmet de père en fils par l'éducation. Veut-on savoir quelles sont les plus importantes richesses qui nous viennent de cette source? Ce sont les habitudes d'ordre, de discipline, de prévoyance, de persévérance. Certes l'on rencontre dans toutes les parties de la population des hommes qui ont ces qualités; mais ce sont des exceptions. La bourgeoisie les possède d'une manière plus générale, c'est en quelque sorte son patrimoine. Il faut voir là non des dons gratuits de la nature dispensés au hasard, mais les produits d'une longue culture et d'efforts séculaires. Naturellement l'homme est désordonné, indiscipliné, imprévoyant, impatient et léger. Pour étouffer ces défauts innés et leur substituer les vertus de la civilisation, il ne suffit pas de l'enseignement de l'école, il faut l'influence du foyer domestique, et, pour que ces facultés se transmettent à l'enfant, il faut déjà que les parents les possèdent.

Voilà pourquoi la bourgeoisie est plus que toute autre classe apte à la direction des entreprises, c'est que la plupart de ses membres ont vécu dans une atmosphère morale qui a puissamment favorisé l'essor des qualités de l'esprit et du caractère, sans lesquelles on ne peut concevoir de grand développement industriel.

Habitués à ne reconnaître et à n'estimer que le travail physique, beaucoup d'ouvriers n'apprécient point ces facultés supérieures qui font la grandeur et l'importance sociale de la classe moyenne. Ils l'accusent d'oisiveté, de parasitisme; ils ne voient en elle que sa richesse, qu'ils considèrent comme un privilége : ils s'imaginent pouvoir aisément et avec grand profit s'emparer de ses fonctions sociales. Ces illusions prouvent leur complète inexpérience. S'imaginer qu'en dehors du labeur manuel il n'y a pas d'activité productive, ou bien croire que le don d'administrer et de gérer les entreprises est identique avec la connaissance de la lecture, du calcul, même de la tenue des livres, ce sont là des naïvetés d'enfant.

Tout dans la vie économique démontre l'importance de la tradition. Qu'on jette les yeux sur la répartition des industries dans le monde civilisé, l'on se rendra bientôt compte du rôle de ce facteur, si négligé d'habitude dans les plans de reconstruction sociale. D'où vient que depuis des siècles tel peuple a une prépondérance indivisible dans telle ou telle branche de travail? Pourquoi des industries importantes se montrent-elles pendant une série de générations pleines de vie et d'essor dans des localités isolées que toutes les conditions naturelles semblaient condamner à l'obscurité ? Pourquoi Mulhouse est-elle sans égale pour les toiles peintes, et Tarare pour les mousselines ? Pourquoi dans la vieille cité alsacienne retrouve-t-on brillant du même éclat, à quelques siècles de distance, les noms des anciennes familles industrielles, les Kœchlin, les Dollfus? D'où vient que toujours et sur toute l'étendue de la terre les Allemands et les Suisses tiennent le premier rang pour la commission, les Juifs pour la banque, les Français pour le commerce de détail ? Sont-ce là des inégalités de race, des diversités naturelles d'aptitudes et de talents ? Ne sont-ce pas plutôt des qualités acquises qui se transmettent par l'éducation et l'exemple domestique, qui se développent dans cette atmosphère morale des idées, des sentiments, des habitudes de famille, de classe ou de nation ?

Il n'y a qu'un matérialisme grossier qui puisse mettre en doute cette influence traditionnelle, cet héritage bienfaisant de qualités et de vertus, cette filiation spirituelle par laquelle les générations humaines croissent et se complètent. Le vulgaire est étranger à cet ordre de considérations et de sentiments. Il regarde l'individu comme isolé, et croit volontiers que son développement ne dépend que de lui-même. Il n'aperçoit pas dans le passé toute la série d'êtres auxquels chaque personne humaine se rattache et dont elle garde l'empreinte. En dépit de toutes les doctrines égalitaires, il y a dès notre naissance, indépendamment de nos aptitudes personnelles et des conventions sociales, un germe d'inégalité pour chacun de nous : suivant que nous aurons été placés dans une famille prévoyante, dans un milieu pratique et raisonnable, des qualités précieuses, qui autrement seraient demeurées atrophiées, se seront développées dans notre caractère et dans notre esprit, à notre insu et sans effort de notre part. Il n'y a pas d'influence postérieure et d'enseignement scolaire qui puissent équivaloir à ces impressions originelles.

Un examen un peu attentif des faits économiques démontre l'exactitude de ces observations. Quoi de plus simple en apparence que la mission du commerce de détail ? Tout le monde peut se croire la capacité nécessaire pour être boucher, boulanger, épicier. Acheter en gros et à crédit, revendre au détail et au comptant, percevoir une commission considérable par suite de la différence entre les prix d'achat et les prix de vente, il n'est si petit esprit qui ne se suppose en état de rendre ce service et de profiter de ce bénéfice ; mais l'expérience rectifie ces erreurs et venge les modestes et honnêtes négociants de la présomption des ignorants.

Tous ceux qui, sans une longue préparation, ont essayé de remplir ces obscures positions mercantiles ont été bientôt victimes de leur imprudence. Quelle variété de qualités,—tact, coup d'œil, économie, — est nécessaire pour réussir dans ces prétendus métiers de parasite, rien ne le prouve mieux que la longue liste de ceux qui y échouent, et dont les déclarations de faillite encombrent chaque semaine les colonnes des journaux. Un promoteur du mouvement coopératif, homme de talent et de savoir, M. Clamagéran, faisait cet aveu, qu'il importe de recueillir : «On s'imaginait que les sociétés de consommation devaient très-bien réussir à Paris, préjugé qui est dû à une double illusion : on croit que les intermédiaires réalisent des bénéfices énormes, et cela presque sans rien faire ; mais la pratique dément ces idées. Il faut, quoi qu'en pense l'ouvrier, généralement beaucoup de travail pour obtenir ces quelques avantages, ces quelques bénéfices de certains intermédiaires. Il leur faut des qualités tout à fait spéciales d'ordre moral et intellectuel que l'ouvrier n'apprécie pas, habitué qu'il est à ne reconnaître et à n'estimer que le travail physique, et qu'il ne trouve pas d'ailleurs facilement parmi les siens. »

Telle est la force de la vérité qu'elle s'impose aux plus prévenus. Ces facultés d'administration, de prévoyance, de persévérance, voilà ce qui constitue la bourgeoisie. Depuis le directeur de la plus vaste société anonyme de France jusqu'au plus humble charbonnier, c'est le même esprit, ce sont les mêmes pensées, c'est le même caractère que l'on rencontre : le sens pratique, la défiance des théories nuageuses, l'ardeur infatigable, le goût du progrès régulier et de l'épargne incessante. A qui possède ces dons précieux, la bourgeoisie n'hésite pas à s'ouvrir; qui les a perdus au contraire ne tarde pas généralement à déchoir.

Ainsi la bourgeoisie est par nature destinée à la conduite des entreprises grandes ou petites; ce n'est pas un hasard heureux, une routine sociale qui l'a investie de cette fonction directrice, ce sont ses qualités d'état, ses vertus traditionnelles, qui lui sont tellement propres que le peuple trop souvent les dédaigne et les raille.

Cette solidarité qui existe entre tous les rangs de la classe bourgeoise, cette unité d'esprit, cette identité de caractère et de conduite, qui rattachent les plus modestes commerçants de détail aux sommités de la finance et de l'industrie, n'ont été que trop méconnues par les publicistes et les philanthropes dans ces dernières années.

Beaucoup d'hommes éclairés ont cru qu'il y aurait avantage à supprimer les intermédiaires entre le producteur et le consommateur. L'on aurait jeté de gaieté de cœur par-dessus le bord tous ces métiers infimes qui ont pour objet de conserver et de distribuer dans tous les rangs de la population et sur tous les points du territoire les produits et les denrées nécessaires à la vie de chaque jour. Si la force des choses, supérieure aux fantaisies des hommes, ne s'y était opposée, on les aurait remplacés par une multitude de sociétés anonymes minuscules, sans capitaux, sans compétence, sans responsabilité, et cependant la moindre réflexion suffit à démontrer qu'il n'y a pas d'industries s'exerçant avec aussi peu de rouages et avec autant d'économie que ce commerce de détail, objet des mépris d'en haut, des jalousies d'en bas et des calomnies de tous.

On se plaint que les travaux manufacturiers

aient détruit la vie de famille; l'on accuse aussi le régime des grandes usines d'avoir introduit l'antagonisme social au sein des populations qui, collaborant à une même œuvre, devraient rester unies de sentiments comme elles le sont véritable ment d'intérêts. Le commerce de détail échappe à toutes ces objections. C'est la famille tout entière qui y prend part; tous ses membres y trouvent leur place, et peuvent s'y rendre utiles. La femme tient les livres pendant que le mari fait la vente et que les enfants portent les objets à domicile. Il n'est pas de répartition des tâches plus naturelle et plus moralisante; il n'est pas de société coopérative où l'on puisse rencontrer autant d'harmonie, où la déperdition des forces soit aussi faible, où les rouages soient aussi élémentaires et aussi souples. Il n'est pas surtout d'association plus démocratique, puisque c'est l'association primordiale par excellence, celle qui sort toute faite des mains de la nature. Voilà pourtant le régime que l'on voudrait détruire.

On se plaint encore que notre organisation du travail ait enlevé aux femmes toutes les occupations paisibles, régulières, assorties à leurs instincts et à leurs capacités, et, par l'une de ces contradictions qui n'étonnent plus parce qu'elles sont journalières, l'on voudrait enlever à ce sexe, pour qui l'on professe tant d'intérêt, précisément la fonction dont il s'acquitte le mieux, et dans laquelle il surpasse de beaucoup les hommes. Tels sont les préjugés dont sont pénétrées les populations ouvrières à l'endroit de tous ceux qui portent le nom de négociants : préjugés regrettables, sentiments aveugles, qui prouvent l'incapacité actuelle et le manque de sens pratique de ceux qui s'y abandonnent.

L'un des caractères de la bourgeoisie, avons-nous dit, et l'un de ses mérites, c'est l'esprit de tradition ; son autre grand mérite, son autre caractère principal, c'est l'esprit d'initiative. La bourgeoisie, en effet, n'est pas un corps fermé qui se laisse atteindre par l'inertie, et qui s'engourdisse dans la jouissance de ses avantages sociaux ; c'est un groupe toujours en mouvement qui sans cesse se renouvelle et s'enrichit d'éléments plus actifs, c'est la séve ascendante qui porte partout la vie, et qui est le principe de tout développement normal.

Les écrivains socialistes ont comparé l'organisation de la société à celle d'une armée, et se sont élevés avec force contre la subordination arbitraire, la discipline imposée. La comparaison est fausse. Il y a une hiérarchie dans la société, mais elle est le produit de la force des choses; il y a un classement rigoureux, mais ce classement ne s'opère point par voie autoritaire, il résulte des capacités et des efforts individuels. Ainsi la classe bourgeoise est un corps vivant dont la condition d'existence est de s'épurer et de se recomposer sans relâche. Chaque jour, les populations ouvrières perdent quelques-uns de leurs éléments les plus féconds et les meilleurs, qui vont accroître la force et l'activité de la bourgeoisie. Dira-t-on qu'il y a trop de hasard dans ce groupement des molécules sociales? Ce serait singulièrement se tromper sur l'œuvre de la nature. Rien n'est plus régulier, nous dirons même plus infaillible que cet essor ininterrompu de toutes les capacités et de toutes les aptitudes. C'est folie de vouloir remplacer ce classement naturel, méthodique, harmonique, par les incertitudes du discernement et du contrôle humain.

Les considérations qui précèdent répondent à quelques-uns des sophismes que l'on retrouve le plus souvent dans les théories socialistes, et qui s'égarent même quelquefois dans les écrits de philanthropes habituellement plus judicieux. Un

de ces derniers, partant de la définition généralement admise par les économistes, que *le
capital est du travail accumulé*, prétendait en
tirer cette conclusion, que le capital doit être
subordonné au travail, puisqu'il en est le produit.
C'est là évidemment une conclusion spécieuse.
Personne n'a émis l'idée qu'il fallait asservir les
travailleurs manuels aux machines qu'ils surveillent et qu'ils dirigent. On aurait beau jeu à
s'élever contre ce prétendu non-sens économique,
il y a place pour des déclamations saisissantes :
l'on pourrait comparer ces infortunés salariés,
esclaves du matériel inerte des usines, à ces victimes vivantes que le tyran de l'antiquité attachait
à des cadavres :

> Mortua quin etiam jungebat corpora vivis
> Tormenti genus.

Mais ces indignations éloquentes répondent à une
situation imaginaire. Si la bourgeoisie a la conduite des entreprises d'industries et de commerce, ce n'est pas seulement parce qu'elle détient
les capitaux. La cause réelle de la position qu'elle
occupe et qu'il est de l'intérêt de tous de lui
laisser, c'est qu'elle possède particulièrement la
capacité directrice, c'est-à-dire l'esprit de tra

dition uni à l'esprit d'initiative. Aussi est-il difficile aux populations ouvrières de se passer de son
concours, alors même qu'on mettrait des capitaux
suffisants entre leurs mains.

Il faut chercher la démonstration pratique de
cette vérité, et il ne sera pas difficile de la trouver; nous n'aurons qu'à examiner de près l'état
et la marche de ces institutions nombreuses connues, on ne sait pourquoi, sous le nom bizarre de
sociétés coopératives, — associations ouvrières
aujourd'hui fort répandues, qui semblent avoir
d'aussi modestes résultats qu'elles annonçaient de
grandes prétentions.

II

Il y a vingt ans à peine, dans un district obscur
de la Prusse, un juge de paix, M. Schultze, créait
une banque populaire dont l'objet, nettement indiqué, était de faciliter le commerce des petits artisans et des modestes patrons, qui sont si nombreux en Allemagne. Au delà du Rhin, en effet,
l'industrie garde encore les cadres et la vie du
moyen âge; elle est morcelée et démocratique;
elle ignore les grands ateliers et la puissante con-

centration de capitaux et de moyens de production qui distinguent l'Angleterre ou la France. La fondation de M. Schultze était une œuvre de petite bourgeoisie, elle ne se présentait pas comme une innovation destinée à réformer le monde ; ce n'était pas une nouvelle organisation du travail qui venait d'apparaître, c'était une simple amélioration des conditions existantes. Toutes les relations sociales étaient conservées, seulement le petit patron ou façonnier, qui était obligé jusque-là d'emprunter à des taux élevés pour acheter les matières premières de son industrie, trouvait, moyennant des garanties sérieuses, un crédit à meilleur marché, quoique relativement encore cher.

Grâce à son mérite propre et à l'opiniâtre propagande de son créateur, cette institution se développa dans tout le nord de l'Allemagne avec rapidité. On finit par compter plus d'un millier de banques populaires, ayant plus de cinq cent mille adhérents et faisant pour plusieurs centaines de millions d'affaires. Peu de temps après, une autre amélioration vint à se produire et à se répandre avec le même succès. Un grand nombre de ces petits façonniers et patrons d'outre-Rhin, tailleurs, relieurs, tisserands, se réunirent en groupes pour acheter en gros les matières premières de leur industrie : c'était là une idée pratique et sage, qui porta les excellents fruits que l'on en pouvait attendre. Aidé par ces secours nouveaux, le petit commerce d'Allemagne se sentit plus de vigueur; il prit une allure plus régulière, et fut mieux à l'abri des crises.

Le public français ne tarda point à être informé de ce mouvement si fécond et si judicieux qui s'opérait chez nos voisins; mais il se trompa sur le caractère et la portée de ces modestes institutions : il leur attribua un objet qu'elles n'avaient pas et des proportions qu'elles n'ont jamais atteintes. Il ne tint aucun compte des conditions particulières au pays où elles étaient nées; il crut avoir découvert un moyen de rendre chaque ouvrier capitaliste et de détruire le prolétariat.

Il s'était produit en Angleterre un mouvement analogue à celui dont l'Allemagne avait été le théâtre. Dans différentes villes manufacturières, quelques ouvriers d'élite avaient, à partir de 1844, fondé des sociétés d'approvisionnement et de consommation dont l'objet était d'acheter en gros les denrées nécessaire à la vie et de les revendre en détail aux associés. Quelques-unes de ces entreprises populaires, celle des *équitables pionniers de Rochdale* entre autres, étaient parvenues, après différentes épreuves et péripéties, à une véritable et solide prospérité.

Nous ne croyons pas que personne ait pris la peine d'examiner les conditions où se trouvait à cette époque le commerce de détail en Angleterre. C'était là cependant une étude indispensable pour se rendre compte de l'efficacité du procédé dont les travailleurs anglais s'étaient servis. Quelques mots suffiront pour éclairer cette question.

À l'époque où la grande industrie se répandit en Angleterre, les manufacturiers prirent l'habitude d'avoir à côté de leurs usines de vastes magasins où ils réunissaient les denrées nécessaires à la vie pour les détailler à leurs ouvriers. Était-ce dans le principe une pensée philanthropique qui avait inspiré cette organisation? était-ce au contraire une idée de lucre? Quoi qu'il en soit, ce régime devint bientôt général, et il donna lieu à de grands abus. La plupart des patrons tiraient un énorme bénéfice de cette industrie accessoire. L'opinion publique se manifesta avec force contre ces pratiques connues sous le nom de *truck system*. Le parlement intervint et fit une loi pour défendre expressément aux manufacturiers de se livrer à cette sorte de commerce. Ces prescriptions législatives ne se montrèrent pas efficaces, car cette année même un journal anglais, *the Economist*, nous apprenait que la plupart des manufacturiers d'Écosse persistaient, au mépris des dispositions légales, à entretenir près de leurs usines des magasins de denrées alimentaires et à rançonner les ouvriers, qu'ils forçaient à s'y approvisionner.

La conséquence de cet état de choses avait été d'empêcher l'établissement du commerce de détail dans les villes manufacturières de l'Angleterre. La concurrence n'y existait pas ; les patrons y avaient en fait le monopole de cet important trafic. Ainsi les sociétés alimentaires des ouvriers anglais ne venaient pas lutter contre le petit marchand ; elles le remplaçaient. C'était une première cause de succès pour celles qui furent conduites avec tact et intelligence.

Une autre circonstance vint encore les favoriser. Au moment où elles commencèrent à naître, c'est-à-dire après 1844, les doctrines économiques du libre échange et de l'abaissement des droits sur la consommation remportaient un complet triomphe dans la Grande-Bretagne. L'on supprimait le droit sur les grains, l'on réduisait à un taux infinitésimal la taxe sur les viandes ; l'on abaissait tour à tour et dans des proportions considérables l'impôt sur le sucre, sur le café, sur le thé. Ainsi toutes les denrées alimentaires se trouvèrent dégrevées dans une série de dix années qui correspondait précisément à la création des sociétés ouvrières. Quel avantage ce fut pour ces dernières, il est à peine besoin de le dire. Quand on dégrève un impôt de consommation, il n'arrive jamais que les produits baissent immédiatement de prix dans la même proportion : les intermédiaires commencent toujours par retenir à leur profit une part de la taxe diminuée ; ce n'est qu'à la longue et par l'effet d'une concurrence plus active que l'acheteur retire le plein bénéfice de la réduction de l'impôt.

Telles sont les conditions exceptionnellement propices au milieu desquelles naquirent les sociétés ouvrières d'alimentation en Angleterre : il ne faut donc pas s'étonner si quelques-unes, en très-petit nombre, réussirent. Les circonstances d'ailleurs sont devenues pour elles plus difficiles, le commerce de détail, qui n'existait pas dans les cités manufacturières, a fini par s'y constituer à la suite des lois sur le *truck system*, l'effet des dégrèvements sur les denrées s'est fait sentir, la concurrence s'est établie et a diminué les prix de vente. Toutes les informations récentes les plus exactes nous apprennent que le mouvement est arrêté, et que les associations commerciales ouvrières sont bien loin de croître en nombre ou en prospérité ; mais le public français s'est empressé d'accueillir avec son habituelle légèreté les récits des succès obtenus de l'autre côté de la Manche par les sociétés de travailleurs. Dans ce fait anormal et transitoire, l'on a voulu découvrir un principe universellement vivifiant et partout applicable : il s'est fait comme une légende autour des *équitables pionniers de Rochdale*. On s'est imaginé avec une merveilleuse crédulité que le commerce de détail avait fait son temps, et que partout il allait être détrôné par des syndicats ouvriers.

Un troisième exemple, moins heureux, mais dont le public français a tiré des conclusions non moins décevantes, est venu se joindre aux deux premiers. Dans la ferveur révolutionnaire de 1848, il s'était créé à Paris et dans quelques villes de province un certain nombre d'associations d'artisans, qui se proposaient de se passer de patron et de se distribuer entre eux les bénéfices que cet intermédiaire s'attribue aux dépens des salariés. La faveur du gouvernement d'alors avait réparti un prêt de 3 millions entre ces petites républiques industrielles.

Il ne paraît pas que cette semence ait heureusement fructifié. Sur 45 sociétés ouvrières qui recueillirent ces largesses de l'État, l'on n'en cite que 2 qui aient survécu ; encore sont-elles devenues des *patronats collectifs*, comptant peu d'associés et beaucoup de salariés désignés par le nom plus nouveau et plus démocratique d'auxiliaires. Ces premières tentatives ne semblaient pas encourageantes ; mais il n'est rien de tel que le fanatisme pour interpréter tout dans le sens de ses convictions et transformer les objections en arguments. On attribua aux circonstances extérieures, aux changements politiques ou bien encore au défaut d'instruction scolaire, cet échec des premiers rudiments de sociétés de production. Ces essais n'en furent pas moins considérés comme des antécédents qui auraient certainement été plus favorables, si les conditions d'expérimentation eussent été changées.

La foi dans le principe ne fut pas ébranlée. Le nom seul d'association, qui était trop vieux et qui avait subi trop de défaites, fut abandonné ; on lui substitua le mot de coopération. Ce vocable sonna bien aux oreilles des philanthropes ; il fit rapidement son chemin. Il y a toujours dans la classe éclairée des esprits qui sont ouverts à toutes les propositions de réforme, à tous les plans de palingénésie, auxquels on donne une apparence modeste.

C'est un réformateur bien connu, Robert Owen, qui dès le début de ce siècle lança dans le monde le mot de *coopération*. Il y attachait un sens manifestement communiste. Cette expression ne fut pas alors recueillie; c'est seulement dans ces dernières années qu'elle fut reprise et qu'elle devint populaire. Elle servit à couvrir une foule de projets différents et vagues, dont les uns étaient d'une application limitée, mais possible, dont les autres, la plupart même, étaient des utopies.

Bien vue et protégée à son essor par la partie la plus aventureuse de la bourgeoisie, la coopération ne tarda point cependant à montrer quelle était sa véritable nature, et à trahir le vieux levain socialiste qu'elle avait pendant quelque temps dissimulé. Le gérant de la principale association parisienne de crédit était un ancien secrétaire de Cabet. Les disciples dispersés de Fourier se rallièrent autour de la nouvelle enseigne ; les mots de *théorie sociétaire*, de *foyers d'attraction*, de *comptoir communal*, se retrouvèrent dans la bouche des coopérateurs. L'on parla de fonder « une cité coopérative intégrale, opérant avec les trois éléments d'industrie, capital, travail et talent, et embrassant les divers travaux de ménage, culture, fabrique,... en un mot toutes les relations sociales. » Un initiateur, rédigeant, sous le nom de *Gallus*, l'*Almanach de la coopération*, imagina un plan pour faire régner « le commerce véridique » au moyen d'un système de syndicats solidarisés qui auraient représenté tous les consommateurs et tous les producteurs.

Ces projets furent publiés par les principaux organes du mouvement coopératif; ils furent même discutés dans des réunions d'hommes graves. C'est une justice à rendre à beaucoup des partisans de la coopération qu'ils combattirent toutes ces pauvretés; mais ils n'apportèrent pas à la lutte contre ces idées, non moins niaises que subversives, toute l'énergie et toute la conviction que le devoir impose en pareil cas; ils subirent bon gré mal gré l'alliance des visionnaires. Quelles qu'aient pu être les opinions des hommes opulents et judicieux qui ont patronné à ses débuts la coopération, les adeptes placèrent dans ce système les plus déraisonnables et les plus chimériques espérances.

Dès l'abord, on fit de ce terme nouveau le plus abusif emploi ; il surgit bientôt une « commission consultative et de renseignements des sociétés coopératives, » des « bureaux de placement coopératifs, » une « agence coopérative des liquides, » une « école supérieure d'enseignement coopératif, » des « écoles rurales coopératives ; » mille autres formules plus ou moins étranges couvrirent des spéculations d'aventuriers ou de folles tentatives de travailleurs confiants. Toute une série de journaux naquit pour faire la propagande du dogme d'introduction nouvelle ; on eut successivement l'*Association*, la *Coopération*, la *Mutualité*, le *Travail*, le *Travailleur associé*, feuilles bien intentionnées, nous le voulons croire, mais où étaient rééditées toutes les utopies des réformateurs du commencement du siècle.

Nous n'avons point ici la prétention d'examiner en détail toute la nuée de projets qui virent le jour sous ce nom de coopération, alors si en faveur. Il nous suffit de signaler aux hommes judicieux les inconvénients graves qu'il peut y avoir à embrasser avec ardeur des plans de réforme sans en avoir étudié scrupuleusement la nature et la portée ; c'est s'exposer à faire naître une fermentation dangereuse.

Il arrive souvent que des formules inoffensives aux yeux de la bourgeoisie prennent devant le peuple un autre sens, et se prêtent à de subversives revendications. Ainsi en a-t-il été pour la coopération. Pendant que l'on voulait ouvrir aux travailleurs manuels une voie plus prompte pour se créer un petit capital, ceux-ci ne pensaient qu'à supprimer le rôle de la bourgeoisie dans le commerce et dans la production. Combien sont vaines ces espérances, c'est ce que nous allons essayer de démontrer. Notre tâche sera facilitée par les procès-verbaux d'un *comité d'études sur la coopération*, enquête privée et approfondie qu'ont faite récemment quelques partisans dévoués de cette idée nouvelle, — écrivains, ouvriers, petits marchands ou employés. — Les faits ont été examinés de très-près, on s'est efforcé de découvrir les moyens que les associations ouvrières doivent employer pour réussir. En lisant ces instructifs procès-verbaux, l'on se rend facilement compte des causes véritables et permanentes qui s'opposent à l'essor du principe coopératif. Toutes les faiblesses, toutes les lacunes de la coopération ont été en effet nettement accusés par ses plus énergiques partisans ; il nous est permis de dire en pareil cas : *Habemus confitentem reum.*

Il existe en France environ 800 sociétés coopératives. La plupart végètent obscures et misérables; plus des deux tiers sont des sociétés de consommation, c'est-à-dire se proposant de revendre en détail les marchandises et denrées qu'elles achètent en gros. C'était une opinion répandue, il y a quelques années, que toutes les associations de ce genre devaient réussir. Il semble qu'elles ne soient exposées à aucune chance de perte; elles ont une clientèle assurée dans les membres qui les composent, leurs frais généraux paraissent devoir être faibles, il n'y a pas de patron qui ait des prélèvements considérables à exercer.

Malgré ces apparences si favorables, la plupart de ces petites sociétés anonymes ont sombré. Elles faisaient appel à de beaux sentiments, elles se paraient de noms poétiques et pleins de promesses : la *Sincérité*, la *Fourmilière*, la *Vie aisée*, la *Famille commerciale*, l'*Economie ouvrière*. Tout leur augurait le succès; mais il y avait dans l'institution même des vices cachés qui devaient fatalement amener la ruine ou du moins la stagnation.

Si les sociétés se constituaient avec le seul capital de leurs membres, elles se trouvaient trop pauvres, trop limitées; elles ne pouvaient acheter de première main et de premier choix, elles n'avaient ainsi que des marchandises de rebut.

Puis l'on reconnut que la plupart des articles à l'usage des classes ouvrières ne donnent qu'un bénéfice très-réduit. Veut-on installer une boulangerie coopérative, l'on s'aperçoit que l'on gagne peu sur le pain ordinaire ; c'est sur le pain de luxe que le boulanger fait la plus grande partie de ses bénéfices. Pour avoir une exploitation rémunératrice, il faudrait tenir à la fois une boulangerie et une meunerie ; encore conviendrait-il de les transporter hors de Paris pour épargner sur les salaires et sur l'installation. Pour l'épicerie, les difficultés sont encore plus grandes : il faut réunir 600 articles différents que les ménagères sont habituées à trouver dans le même magasin ; mais il y a quelques-uns de ces articles comme le sucre, qui ne donnent presque aucun bénéfice, il y en a d'autres qui sont sujets à des déchets considérables. L'on gagne, il est vrai, 25 p. 100 sur les vins, les liqueurs, le café ; 50 p. 100 sur la brosserie, la quincaillerie : mais il faut dans le magasin coopératif un assortiment complet de tout ce que l'on est habitué à trouver dans les établissements du même genre, ou bien les chalands ne viennent pas.

Si la société est riche, c'est-à-dire si elle est

subventionnée par la bourgeoisie, une partie des difficultés précédentes disparaissent ; malheureusement il en surgit de nouvelles, plus grandes peut-être. Ce capital que les membres n'ont pas gagné, ils le prodiguent, le gaspillent même; l'on s'est demandé dans le comité d'enquête s'il valait mieux qu'une association se fondât avec beaucoup ou avec peu d'argent. Cette question paraît naïve ; eh bien! qui le croirait? la plupart des membres ont déclaré qu'il y avait moins de dangers à s'établir avec peu d'argent.

Tels sont les obstacles matériels; ils ne sont rien à côté des obstacles moraux. Il ne suffit pas d'avoir un approvisionnement, il faut le conserver, le dispenser avec économie. C'est chose facile quand le magasiu est entre les mains d'une famille bourgeoise habituée de longue date à l'ordre et à la bonne administration, ayant d'ailleurs le stimulant de l'intérêt personnel; mais cette garantie manque à nos coopérateurs.

Comme ils sont pendant le jour à leurs affaires, il leur faut des employés, et c'est, paraît-il, une race difficile à manier que les garçons d'épicerie ; ils exigent le sou pour livre, ils ruinent la maison par leurs prélèvements, ils sont pleins d'incurie. On a beau les intéresser aux bénéfices, ils laissent la marchandise se perdre. La Fontaine dirait qu'il faut ici l'œil du maître, mais l'on a changé tout cela. Une publication anglaise engage les sociétés coopératives à ne prendre de préposés qu'autant qu'ils fournissent une bonne et valable caution ; c'est un bien pauvre remède, et qui cause de grands embarras. Ces gens de service ont tous les défauts, ils volent les denrées, si on ne les surveille ; il est impossible de se fier à eux.

Quels moyens de contrôle découvrir ? Quand la maison est importante, l'on peut diviser la fonction commerciale entre trois ou quatre agents. On a un employé à l'entrée qui remet des bulletins aux chalands, les garçons qui servent le public y inscrivent le montant des achats, un caissier reçoit le solde : c'est le système suivi dans les établissements de la boucherie Duval; mais la plupart des sociétés coopératives ne peuvent s'installer sur ce grand pied. Il y a là d'ailleurs bien des complications pour des gens qui veulent réduire le nombre des intermédiaires, et qui ont adopté le principe de l'*économie des ressorts*. Le petit et le moyen commerce, gérés d'ordinaire par une famille sans auxiliaires, n'ont pas tous ces embarras.

Comment organiser la gérance? convient-i qu'elle soit collective ou individuelle ? A ne

23.

consulter que le côté administratif, il n'y a pas de doute possible : avoir un chef expérimenté, muni d'une autorité suffisante, c'est le seul moyen de bien conduire des affaires si compliquées. Cependant les coopérateurs ne veulent pas abdiquer; c'est une république qu'ils prétendent fonder, non une dictature. Les plus judicieux demanderont, il est vrai, que le choix des administrateurs soit soustrait au suffrage universel, « qui est enlevé par les plus criards dans les assemblées générales. » Ils recommanderont qu'aucune proposition ne puisse être faite à l'assemblée générale sans avoir été examinée par une commission spéciale, — seul moyen d'éviter les surprises et les votes déraisonnables. Ces conseils de la prudence ne seront pas entendus; le principe de l'inst.ution l'emporte sur toutes les considérations pratiques, c'est l'esprit populaire qui doit animer ces sociétés d'ouvriers. Coûte que coûte, l'on installera une gérance collective et souvent renouvelable.

Il faut, écrivait M. Vigano, l'un des chefs du mouvement coopératif, que chaque société de consommation soit dirigée par un conseil d'administration nombreux, nommé pour trois ans, se renouvelant par tiers, sans que les membres sortants puissent être immédiatement réélus. Cette disposition a pour but d'éviter les coteries. Ainsi à peine ces fonctionnaires auront-ils pu acquérir des connaissances pratiques et l'habitude du métier, que la rigueur des principes démocratiques exigera qu'on les mette de côté ; mais que de temps perdu, que d'allées et de venues, que d'heures enlevées à la famille et au foyer pour ces quinze administrateurs dont on réclame une présence fréquente, une surveillance attentive, un contrôle efficace !

Aussi la plupart de ces petites associations n'ont été que des réunions de camarades, sans esprit de suite, sans unité de conduite. C'est d'ailleurs une singulière erreur que de vouloir fonder une entreprise de commerce sur des éléments si nombreux et si disparates. La responsabilité se disperse et s'évanouit, ce ressort si puissant de l'âme humaine perd sa force vivifiante ; une famille bourgeoise qui se livre à l'industrie même la plus humble y risque son honneur et sa destinée tout entière. Dans les importantes sociétés anonymes, les administrateurs sont des hommes connus qui engagent leur réputation, leur considération, dans la conduite des affaires de leur compagnie, tandis que des ouvriers obscurs n'ont pas ce stimulant et ce frein : après la déconfiture de leur association, ils restent ce qu'ils étaient la veille, leur amour-propre n'en est pas sérieusement froissé.

On a voulu persuader à des maçons, à des cordonniers, à des typographes, de se faire épiciers ou boulangers à leurs moments perdus ; ce ne sera jamais là pour eux qu'une œuvre accessoire, un divertissement après les fatigues de la journée. Il en est de ces entreprises comme de celles des riches propriétaires qui veulent faire de la culture. Ceux-ci peuvent s'imaginer aussi qu'ils remplaceront facilement leurs fermiers, ils peuvent penser qu'ils augmenteront leurs revenus en faisant valoir leurs terres, puisqu'ils auront supprimé un rouage inutile et coûteux ; mais l'expérience vient bientôt redresser sans pitié ces erreurs puériles.

C'est qu'il y a dans la société une distribution naturelle des tâches, c'est que toute industrie humaine est une chose sérieuse et absorbante qui ne peut être regardée comme un passe-temps. Les lois économiques, plus fortes que toutes les lois positives, interdisent le cumul des fonctions ; l'on ne peut, quoi qu'on en dise, être à la fois épicier et forgeron. Ce qui est vrai des individus l'est aussi des classes ; il ne suffit pas de réunir 80 ou 100 hommes bien intentionnés pour faire jaillir de cette foule l'esprit d'ordre, de régularité, le sens du commerce, l'intelligence directrice.

A supposer que la gérance soit unique, l'on tombe dans bien d'autres embarras. S'il est capable, le chef choisi par l'association ouvrière demandera ses coudées franches; il faudra le bien rémunérer, il exigera à peu près autant qu'un patron aurait gagné, il voudra surtout être le maître. Rien d'insupportable pour un homme pratique comme la perpétuelle immixtion de gens inexpérimentés qui prétendent donner des conseils et diriger les affaires. Ne choisissez pas un gérant unique, écrivait M. Vigano, car, s'il est bon, le contrôle le rendra mauvais. Dans la bouche d'un coopérateur, c'est là un singulier aveu, et qui se retourne contre la coopération.

Il y a un autre péril. Habitués au travail manuel, beaucoup d'ouvriers ont une instinctive et insurmontable jalousie pour tous ceux qui, par profession, se livrent à des occupations commerciales ou industrielles : aussi se montrent-ils peu généreux envers les comptables auxquels ils ont recours; ils ne savent ou ne veulent pas faire grandement les choses, ils sont parcimonieux pour le traitement, de même qu'ils sont tracassiers dans le contrôle.

Qu'en résulte-t-il? Les gérants de ces petites sociétés se servent de la position qu'on leur donne comme d'un marchepied. Ils font connaissance avec les chalands, acquièrent leurs sympathies par un service exact et loyal, puis au bout de quelque temps ils quittent le magasin coopératif, ouvrent une boutique à côté pour leur propre compte, et détournent à leur profit la clientèle. Que de faits semblables dans l'histoire des associations ouvrières! Il est même très-ordinaire que des magasins coopératifs, ayant abouti à la faillite, aient été achetés par de petits négociants qui y font fortune.

Les associations ouvrières n'ont pas le mérite qu'on leur avait attribué de vendre à meilleur marché que les commerçants de détail. Pour abaisser les prix du pain et de la viande, pour remplacer les taxes officielles, beaucoup de personnes avaient compté sur la concurrence sociétaire. Vaines espérances! dans le comité d'études sur la coopération, il a été résolu à une grande majorité que les sociétés coopératives devaient vendre au prix courant du commerce. Comment d'ailleurs vendraient-elles à meilleur marché, puisqu'il a été reconnu que pour beaucoup d'articles ces prix sont à peine rémunérateurs? Ces associations chétives ont déjà bien assez de mal à se tirer d'affaire sans vouloir diminuer les prix.

Il est pourtant des sociétés coopératives qui réussissent, assure-t-on, et l'on nous montre que leurs comptes annuels se soldent parfois en bénéfices; mais il faut s'entendre. Examinons les choses de près, nous verrons ces prétendus profits s'évaporer pour la plupart.

Il y a deux sortes de sociétés de consommations : les unes sont fondées en grande partie avec des capitaux bourgeois; elles sont patronnées, dirigées, subventionnées par des hommes influents et expérimentés, qui y mettent de leur argent, y consacrent en outre leur temps. Ce ne sont plus des créations ouvrières, ce sont des œuvres de bourgeoisie, c'est de la philanthropie bâtarde et à notre sens dangereuse; mais ces entreprises sont bien conduites parce qu'elles ont à leur tête de véritables commerçants, doués de ces vertus traditionnelles ou acquises dont nous avons démontré l'importance.

Il n'est pas étonnant que ces institutions réalisent quelques profits; elles ont tous les éléments de succès : abondance de capitaux, direction habile, généralement homogène, clientèle choisie et compacte, subventions directes ou indirectes. Ce ne sont pas là des fondations ouvrières, ce sont des créations électorales faites en vue d'acquérir une popularité facile; toutes les conclusions que l'on peut tirer de leur prospérité sont décevantes, ces apparences de succès cachent souvent des sacrifices réels.

Une autre espèce de société coopérative, la seule vraie et *genuine*, pour nous servir d'une expression anglaise, est celle qui est constituée uniquement par des ouvriers. Dans cette dernière catégorie, il est encore possible de rencontrer quelques associations qui annoncent des bénéfices; mais presque toujours ces bénéfices proviennent d'une sophistication de chiffres. Voici par exemple ce qu'on lit dans le dernier compte rendu de la société civile de consommation du 18⁰ arrondissement : « Un sociétaire s'étonne du chiffre minime des frais généraux, mais il le comprend en reconnaissant le zèle désintéressé de beaucoup de sociétaires dévoués qui prodiguent leur temps à la société, et dont plusieurs même y mettent de leur argent, lorsqu'ils tiennent la caisse, en rectifiant des erreurs involontaires qu'ils ont commises. Il ajoute que plusieurs des membres du conseil devraient être indemnisées.»

Ainsi se passent les choses dans la plupart des

sociétés existantes. De cette manière on peut étaler quelques profits apparents, 10 pour 100, 20 pour 100 même ; mais c'est là un véritable mirage. Il faudrait tenir compte de ces heures perdues pour le travail productif ou pour la vie de famille, il faudrait attribuer un traitement à ces employés volontaires ; autrement ces bénéfices sont illusoires : beaucoup de gaspillage de temps et de ressources, c'est le bilan de la plus grande partie de ces associations. Dans quelques villes d'Angleterre seulement, elles ont pu réussir, il y a vingt-cinq ans, grâce aux circonstances toutes spéciales que nous avons fait connaître.

Les sociétés de *crédit* seront-elles plus heureuses ? Jamais il n'a existé de mot auquel on ait attribué une plus magique influence. Il semble que ce soit la pierre philosophale. Les économistes n'ont cessé de recommander à tous, spécialement aux classes ouvrières, la prévoyance et l'épargne ; mais ce sont là des vertus sévères qui rebutent au lieu d'attirer : ne pourrait-on les remplacer dans la pratique par un spécifique d'un emploi plus commode et d'un usage plus universel ?

Des notions incomplètes de science financière, des bribes arrachées au langage de l'économie politique ou de la banque ont produit dans les classes laborieuses les plus fantastiques illusions. Dès l'abord, on a émis des axiomes comme le suivant : *le crédit pour réaliser l'épargne et non pas l'épargne pour réaliser le crédit.*

Ce point de départ une fois connu, il est facile de deviner le point d'arrivée. Il y a eu comme une débauche de projets pour réformer le commerce à l'avantage des classes laborieuses. Déjà en 1804 on avait fondé une *banque d'intervention* patronnée par Monge et par Chaptal. En 1830, Buchez réclamait une banque populaire; Proudhon la constituait après la révolution de février, l'on sait avec quel succès et pour quelle durée !

Tous ces plans ont revu le jour sur une échelle plus grande. L'on a constitué un *crédit au travail* qui a été le crédit mobilier des associations ouvrières, on a fondé des banques d'escompte. Ce n'est pas seulement la capacité directrice qui a manqué aux administrateurs, c'est beaucoup plutôt le champ même à exploiter. Il a fallu reconnaître qu'il est d'une souveraine imprudence de se livrer à ce que l'on appelle le crédit de commandite, c'est-à-dire de prêter à des associations ou à des particuliers les fonds nécessaires pour fonder des industries. Le capital de roulement est le seul qu'on puisse avancer sans péril; encore dóit-on y apporter beaucoup de réserve. Il est impossible de connaître à Paris tous les tanneurs, tous les tailleurs et la valeur réelle de leur papier. Il faudrait organiser tous les corps de métiers en syndicats; mais il a été prouvé que, même en faisant des affaires avec les syndicats qui existent, les associations de crédit ouvrières avaient subi des pertes considérables. Un très-grand nombre de billets à Paris ne sont que des billets de complaisance sans garantie sérieuse. Il serait indispensable d'avoir des conseillers merveilleusement compétents pour vérifier la valeur de tout ce menu papier présenté à l'escompte. La concurrence a déjà réduit au minimum, de l'aveu des plus zélés coopérateurs, l'intérêt et la commission prélevés par les maisons de banque particulières; ce n'est que le papier de rebut qui afflue aux sociétés coopératives. Même en faisant payer le loyer de l'argent 10 et jusqu'à 13 pour 100 avec les renouvellements, elles n'arrivent qu'à la banqueroute.

Le nombre des petits entrepreneurs en France n'est pas assez grand, leur position ni assez sûre ni assez nette pour qu'on puisse réussir en leur faisant des prêts. Ce serait à eux de se grouper par quartier et par profession, de se faire de modiques avances; mais la coopération française a des prétentions plus vastes : elle recule devant ce rôle borné, elle veut des horizons illimités, elle se plaindrait volontiers que le monde lui manque. Entre les banques populaires d'Allemagne et les banques populaires parisiennes, le nom seul est commun, tout le reste diffère.

On a essayé du crédit à la consommation, l'on a fondé des établissements pour faire des prêts d'honneur aux ouvriers et employés; il n'est pas de précaution que l'on n'ait prise pour assurer la réussite de ces institutions, on excluait les célibataires, on n'admettait que les hommes de bonne renommée et en mesure de restituer à court délai les sommes reçues. Efforts impuissants ! Si ingénieux qu'aient été certains de ces projets, l'expérience en a démontré l'inapplicabilité. Il est des bornes à tout, même au crédit. Quelle qu'en soit la puissance, ce n'est pas encore lui qui peut éteindre le paupérisme.

Il faut avoir suivi de près le mouvement coopératif en France pour savoir que de plans chimériques se sont abrités sous le nom de coopération. C'est une réforme radicale du commerce que l'on cherchait et que l'on cherche encore à introduire.

L'on s'est imaginé qu'il y aurait avantage à

constituer une *banque d'échange,* afin de faciliter la circulation réciproque de produits équivalents sans recours à la monnaie métallique; on croyait ainsi pouvoir prévenir le chômage. D'autres pensaient réduire par là, dans des proportions considérables, l'intérêt des capitaux. Il y a trente ans environ, deux frères du nom de Mazel avaient inventé à Marseille un système de bons qui devaient rendre la monnaie inutile. Beaucoup de projets du même genre virent le jour dans les années suivantes. On proposa tour à tour de former une *compagnie française de crédit public et de centralisation commerciale,* ou bien encore une *société mutuelle du commerce et de la banque réunis,* une *banque de compensation,* un *clearing-house parisien.* Une maison de ce genre parvint à s'établir, figura longtemps sur la cote de la Bourse, et parut jouir pendant quelques années d'une certaine prospérité : c'est le comptoir Bonnard, devenu plus tard le comptoir Naud. Il avait pour mission de faciliter l'échange en nature des marchandises, immeubles, travaux et objets de toute sorte : les maisons de commerce ou d'industrie lui souscrivaient des billets payables à vue en travaux de leur industrie ou de leur commerce, et les échangeaient contre des billets du même genre souscrits par d'autres industriels dont les travaux pouvaient leur être utiles.

Quel était l'avantage d'une pareille combinaison? Il est malaisé de le dire ; mais beaucoup de gens se flattaient que le placement des marchandises produites serait plus facile, s'il suffisait de les échanger contre d'autres marchandises. C'était oublier que le défaut de vente ne tient pas à l'insuffisance du monétaire métallique, qu'il provient uniquement de l'absence d'un besoin du consommateur.

Ces idées d'échange en nature furent encore bien accueillies par les coopérateurs. Comment s'en étonner? De la suppression des intermédiaires, le système coopératif doit logiquement conduire à ce résultat final. Aussi dans les rangs populaires on se fait de la coopération une idée beaucoup plus vaste, plus radicale que celle qui est acceptée par les éclairés partisans de ce régime. On ne recule pas devant l'établissement d'un vaste réseau de sociétés anonymes superposées les unes aux autres, solidarisées entre elles, accaparant dans leurs rouages multiples tout le commerce du monde. Il y a surtout une prédilection marquée pour les syndicats : on parle de constituer des syndicats régionaux d'acheteurs et de consommateurs, un syndicat des crédits, etc.

Les mêmes gens qui n'ont pas assez de plaintes contre l'esprit de spéculation et d'agiotage inventent ainsi des systèmes qui ne seraient autre chose que l'agiotage et la spéculation organisés et en permanence.

La troisième forme des associations coopératives ne sera pour nous l'objet que de courtes réflexions. Les sociétés de production n'ont réussi ni en France ni ailleurs, et cet échec a manifestement démontré combien était erronée la prétention de se passer de l'entrepreneur. Dans le comité d'enquête sur la coopération, l'on a discuté la question de la préférence à donner au travail à la tâche ou au travail à la journée. La majorité s'est prononcée pour le premier mode, et il est remarquable que les ouvriers qui faisaient partie de la réunion se rangèrent à cet avis.

Un autre sujet non moins intéressant fut abordé : il s'agissait de savoir si l'on devrait associer aux bénéfices les ouvriers *auxiliaires*, — c'est ainsi que l'on désigne les simples salariés, — et il y eut unanimité pour la négative. Écoutons un ouvrier, M. Cohadon, gérant de la société des maçons : « Quand les associés n'arrivent pas en nombre, dit-il, l'association, ne pouvant pas repousser la clientèle, est bien obligée de prendre des auxiliaires ; mais il n'est pas admissible de leur accorder des bénéfices quand d'une part on n'est pas sûr de les réaliser, et que de l'autre on n'a aucune garantie contre les pertes qui peuvent survenir après le partage des bénéfices. Si l'association leur accordait des droits aux bénéfices, ils auraient par conséquent celui de les contrôler. Peut-on leur accorder le droit de s'immiscer dans des affaires où ils n'ont aucune responsabilité ? Vous voyez donc que ce qui serait beau en théorie n'est pas toujours possible dans la pratique. Je ne puis que répéter ce que j'ai dit en parlant du crédit au travail : il est fâcheux que les théories les plus séduisantes passent chez nous à l'état de dogmes, et qu'elles trouvent des apôtres avant d'avoir passé au creuset de l'expérimentation. » Voilà une confession édifiante et bonne à recueillir ; c'est un ouvrier qui parle, ne l'oublions point. Le même comité de coopérateurs s'est plaint qu'on ait vu « le concours d'auxiliaires faire crouler des associations par l'obligation de les payer si cher qu'il ne restait rien pour les associés. »

Malheureusement il y a deux langages comme deux morales ; les mêmes hommes qui, en tant qu'associés, se plaignent du taux excessif des salaires revendiqueront hautement le lendemain en qualité d'ouvriers une rémunération beaucoup plus considérable.

Une des raisons qui ont fait crouler un grand nombre de sociétés de production, c'est la parcimonie des ouvriers à l'endroit des gérants. C'est un parti pris dans la classe ouvrière de ne tenir aucun compte du travail intellectuel : la société des maçons fait un chiffre d'affaires de plusieurs millions, et réalise des bénéfices de près de 200,000 francs par an ; cette prospérité est due, pour la plus grande partie, à l'intelligence des trois hommes qui la dirigent. Croirait-on cependant que la part de ces gérants jusqu'à ces dernières années n'était point supérieure à celle des autres associés ? On s'est résolu enfin à leur faire des avantages particuliers par la crainte de les perdre : on ne peut fonder une société commerciale sur l'ascétisme.

Tels sont les trois types de sociétés coopératives. A part quelques exceptions, en très-petit nombre et fort honorables, on n'a guère à enregistrer dans cette histoire que des désastres. On avait voulu réformer le monde, refouler tous ces parasites qui s'appellent les commerçants, les banquiers, les patrons, en un mot les bourgeois ;

on n'est arrivé qu'aux plus insignifiants résultats. Depuis dix ans, il ne s'est pas constitué dans les cadres de la coopération une seule maison vivace. La société des ouvriers maçons et quelques autres qui font de bonnes affaires sont antérieures à tout le bruit que l'on a fait autour du principe coopératif. On a prodigué les brochures et les livres, les discours et les conférences. « Assez de paroles, s'écriait dernièrement un ouvrier dans une réunion populaire, assez de paroles, depuis longtemps il s'en dit des millions de milliards. Où sont les faits? » Des exemples ont été invoqués, qui ne sont rien moins que probants, comme ceux des banques d'Allemagne ou des pionniers de Rochdale. D'où vient cette stérilité après tant d'efforts?

Cette déconvenue ne doit pas surprendre. Elle était dans l'ordre des choses. C'est que le régime des sociétés anonymes ne doit s'appliquer qu'aux spéculations trop vastes ou trop aléatoires pour les forces individuelles. On pourra peut-être, après bien des efforts, faire surgir quelques situations exceptionnelles; dans la généralité des cas, l'organisation du commerce et de l'industrie sera maintenue parce qu'elle est le produit non de l'arbitraire des hommes et des lois, mais de la nature des choses et de la nature humaine.

N'ayons ni regrets ni impatience de l'inutilité de ces tentatives; le rôle que les ouvriers voulaient saisir est rempli d'une manière plus satisfaisante, au mieux des intérêts de tous, par la bourgeoisie. Quant à la population ouvrière, il est des moyens plus sûrs d'élever sa destinée.

La fable antique nous rapporte que Phaéton, voulant suppléer Phœbus son père, fut précipité du haut des cieux et faillit embraser le monde; il avait cependant le même char, les mêmes coursiers et suivait la même route, mais l'expérience et l'autorité lui manquaient. En réalité, il importait peu à la terre d'être éclairée par Phaéton ou par Phœbus; de même il est de peu d'intérêt pour la société de prendre ses approvisionnements et son crédit dans des établissements coopératifs ou dans des établissements bourgeois. L'échec de la coopération est donc sans grave conséquence sociale. C'est à peine si l'on peut dire de ce système qu'il succombe dans une grande entreprise: *magnis tamen excidit ausis.*

III

Ce serait peu connaître la nature humaine que d'espérer convertir les novateurs par l'expérience des faits ou la logique des idées. L'imagination domine ces esprits aventureux qui n'ont pas le sens de la réalité. La réforme sociale est devenue pour eux une foi qui s'est emparée de toutes leurs facultés, et qui ne subit aucune défaillance. Vaincus dans le présent, ils sont, disent-ils, assurés de l'avenir. C'est un procédé commode que de se rejeter sur les siècles futurs pour l'accomplissement des promesses que l'on a faites à la génération présente; mais ce long espoir et ces vastes pensées ne conviennent guère à l'homme, créature passagère, limitée dans le temps comme dans l'espace, obligée de pourvoir à des besoins actuels, ayant peu de répit sous le poids des nécessités qui l'accablent.

Nous ne savons pas les merveilles que nous réserve l'avenir; l'humanité se transforme, les relations sociales se renouvellent, d'autres modes, d'autres combinaisons surgissent chaque jour; mais c'est là un mouvement graduel et lent qui s'opère instinctivement et à notre insu. Ce ne sont pas les plans sortis tout faits de l'intelligence humaine qui se réalisent dans le monde extérieur; la nature a d'autres procédés, et se joue des systèmes *à priori* qu'enfante l'imagination des hommes. Nous n'avons qu'à creuser modestement le sillon de chaque jour, à recueillir les fruits déjà mûrs, sans nous préoccuper de la moisson qui viendra peut-être pour nos arrière-neveux. C'est folie de jeter la perturbation dans les relations existantes au nom d'un progrès conjectural et lointain. La sagesse se tient à égale distance des audaces et de la routine, elle améliore et perfectionne sans cesse avec esprit de suite, avec une indomptable persévérance, mais elle évite de bouleverser en un clin d'œil et au hasard.

Il n'en est pas des sciences sociales comme des sciences abstraites. Dans celles-ci, la fantaisie peut s'ouvrir un champ illimité; Descartes invente la théorie des tourbillons : l'humanité n'en souffrira pas, la physique en recevra peut-être une impulsion nouvelle. Dans les sciences sociales, au contraire, il faut plus de réserve ; les plans que l'on présente au public doivent être immédiatement applicables, car les erreurs en pareille matière ne s'attachent pas seulement à l'esprit de l'homme, elles passent dans les faits et se traduisent en perturbations dangereuses.

Notre époque attache une grande importance à l'instruction populaire; toutes les parties de la société demandent avec ardeur et conviction la diffusion de l'enseignement. Les ouvriers dans leurs réunions si orageuses et parfois si extravagantes, les publicistes, les hommes d'État de toute opinion, réclament des écoles de tout ordre et de tout genre. C'est un grand honneur pour notre siècle que cette haute estime pour les connaissances intellectuelles et le développement théorique des facultés humaines. Assurément l'on ne peut attendre que de bons fruits du progrès scolaire, l'humanité en deviendra plus sensée et meilleure peut-être; mais de ce côté aussi il n'y a pas que de légitimes espérances, il y a bien des illusions.

C'est un instrument d'une grande puissance que l'instruction, ce n'est pas cependant la pierre philosophale : elle a d'importants et d'heureux effets; elle ne produit pas de miracles. Mirabeau écrivait à la fin du siècle dernier : « Croyons que, si l'on excepte les accidents, suites inévitables de l'ordre général, il n'y a de mal sur la terre que parce qu'il y a des erreurs; que le jour où les lumières et la morale avec elles pénétreront dans les diverses classes de la société, les âmes faibles auront du courage par prudence, les ambitieux des mœurs par intérêt, les puissants de la modération par prévoyance, les riches de la bienfaisance par calcul, et qu'ainsi l'instruction diminuera tôt ou tard, mais infailliblement, les maux de l'espèce humaine, jusqu'à rendre sa condition la plus douce dont soient susceptibles des êtres périssables ! » Dans ce passage éloquent et qui développe une idée vraie, l'on doit saisir une part notable de ce que les anciens appelaient l'*exagération oratoire;* mais combien n'a-t-on pas renchéri sur cet éloge, et à quelles extrémités ne l'a-t-on pas porté !

Un écrivain socialiste disait récemment « que l'universalisation de la science ne tarderait pas à équilibrer promptement toutes les conditions sociales. » — « Elle peut combler, ajoutait-il, la distance qui sépare le pauvre du riche et transformer toutes les relations de la société. » Émettre de pareilles idées, c'est encourager de folles espérances et se préparer bien des déceptions. L'enseignement scolaire fortifie ou aiguise plusieurs des plus importantes facultés humaines ; mais il ne lui est pas donné, à lui tout seul, de transformer radicalement l'état de choses existant. Lire, compter, calculer, ce sont des connaissances précieuses, utiles à ceux qui les possèdent et à la société en général. Elles ne sauraient suffire ; pût-on même réaliser et mettre à la portée de tous « l'instruction intégrale, embrassant l'ensemble des connaissances humaines, » il y aurait encore bien des lacunes à remplir dans le caractère et l'intelligence des populations ouvrières.

A côté de l'enseignement du livre, il y a en effet un enseignement plus pénétrant et plus efficace, c'est l'enseignement de la famille et celui de l'expérience. Nos voisins d'outre-Manche, qui sont des hommes judicieux, mettent partout le mot d'éducation où nous plaçons celui d'instruction. Le développement théorique des facultés humaines est une belle chose ; mais il y a des qualités qui ne s'acquièrent pas à l'école, qui ne se puisent pas dans la lecture des plus parfaits livres de morale.

Jetons les yeux autour de nous ; il ne nous sera pas difficile de nous convaincre que les hommes réussissent dans la vie beaucoup moins par les qualités de leur intelligence que par les qualités de leur caractère. Or, c'est le mérite principal de la bourgeoisie de posséder comme un patrimoine qui lui est propre ces facultés obscures qui sont des leviers irrésistibles.

Avec une loi sur l'instruction obligatoire, on pourra peut-être arriver en vingt ans à donner aux neuf dixièmes des Français les connaissances alphabétaires ; mais il n'est pas de loi qui puisse communiquer dans le même espace de temps aux populations ouvrières ces forces morales, résultat d'une longue suite d'efforts, tradition d'une série de générations méritantes.

Les vrais amis des classes ouvrières devraient se pénétrer de ces principes. Ce sont ces habitudes saines de la vie pratique qu'il importe surtout de propager. Beaucoup de publicistes suivent malheureusement une route tout opposée. En inventant chaque jour un nouvel expédient pour élever d'une façon soudaine la destinée des ouvriers, l'on ne fait que provoquer des impatiences. Il est imprudent de décrier les vieilles méthodes de travail et d'ouvrir devant les yeux crédules des masses ces horizons de progrès facile et d'un commode accès.

Depuis que l'humanité est sur terre, le succès a toujours été le produit de l'effort individuel, il est toujours venu avec une certaine lenteur. Ces conditions dépendent de la nature humaine, il est déraisonnable d'espérer les changer.

Les doctrines aujourd'hui en honneur parmi les populations ouvrières tendent à décourager la pratique des vertus qui seules pourraient améliorer leur sort. Des ouvriers habiles, bien rétribués, sont détournés de l'épargne par l'idée que l'intérêt du capital sera un jour supprimé, ou que l'on trouvera quelque combinaison nouvelle pour améliorer spontanément leur situation. Confiants dans des procédés qui amèneraient un essor collectif de leur classe, ils sentent moins le besoin de sacrifices personnels. N'a-t-on pas vu, lors de la réforme électorale en Angleterre, des députations ouvrières prétendre que les travailleurs qui épargnent sont des égoïstes et des traîtres indignes du droit de suffrage? Il n'est d'autre moyen cependant pour l'homme d'élever sa position que le travail et l'économie.

La classe ouvrière a mieux à faire que de lutter avec la bourgeoisie : c'est de prendre exemple sur elle dans la pratique de la vie, c'est de s'assimiler ses habitudes d'ordre, de régularité, de discipline, de prévoyance, qu'elle rencontre et qu'elle raille trop souvent chez les commerçants de tout étage. Les cadres de la classe bourgeoise ne sont pas immobiles, ils se dilatent, au contraire, chaque jour; les progrès de la civilisation consistent à augmenter sans cesse le nombre de ceux dont l'existence est facilitée par une aisance acquise, à réduire, au contraire, les rangs de ceux qui mènent au jour le jour une vie précaire et mal assurée ; mais ce mouvement fécond ne s'accomplit pas par soubresauts et spontanément, il réclame les efforts des hommes et la collaboration du temps.

CHAPITRE III

LES REMÈDES EFFICACES. — LE RÉGIME QUE DOIT
OBSERVER LA SOCIÉTÉ MODERNE

Nous arrivons au point le plus difficile de notre
tâche. Décrire le mal, en retracer un à un avec
minutie les symptômes et les effets, critiquer les
prétendues panacées ; tout cela était œuvre aisée,
qui ne réclamait que de l'attention et de l'étude.
Mais indiquer le régime à suivre, le traitement
tant spécial que général, mettre le malade en
voie de convalescence et le conduire à la guéri-
son, voilà le problème presque insoluble, devant
lequel l'esprit du philanthrope intelligent et froid
s'arrête déconcerté et prêt à s'abandonner au dé-
sespoir.

Il serait, sans doute, facile de donner des conseils, qui se montreraient efficaces, s'ils étaient
suivis. Mais quelle peut être l'attitude d'un mé-

decin devant un homme qui n'avoue pas son mal et qui surtout en méconnaît la cause, qui s'entête dans un genre de vie pernicieux, qui s'obstine, s'aigrit, s'exaspère, et de parti pris viole toutes les ordonnances et toutes les prescriptions? A une personne menacée d'apoplexie il est très-simple de dire : Craignez les excès, ménagez-vous, ayez une vie sobre et régulière. Mais si l'infortuné s'endurcit et se rebelle, s'il prend une sorte d'incompréhensible et d'infernal plaisir à déjouer les conseils désintéressés de l'expérience, alors que reste-t-il à faire et à espérer?

Ainsi les hommes à bonnes intentions ne manquent pas, qui viennent dire aux ouvriers : soyez probes, économes, travailleurs; aimez la famille et honorez Dieu; ne vous laissez pas aller au désordre, n'exagérez pas vos prétentions : votre prospérité croîtra alors chaque année avec celle de l'industrie et du pays; vous vivrez dans le calme : vous finirez vos jours dans l'aisance et dans l'estime de tous. Quoi de plus saint que ces conseils, mais quoi de plus vain? Toute cette semence précieuse tombe sur des rochers : peut-on dire qu'un seul grain lève et fructifie? Il est bon néanmoins, il est même nécessaire que les esprits élevés se livrent à cette prédication ingrate. La voix du devoir ne doit jamais cesser de se faire entendre même dans la solitude.

Cependant ce ne sont pas là des solutions. Le résultat est-il plus prompt et plus général, quand la persuasion cherche une autre voie, quand elle s'adresse directement à l'intérêt au lieu de faire appel à la conscience, quand elle prend la forme de l'instruction au lieu de la forme plus austère de la prédication? Nous le voulons croire. Bien des hommes ont une confiance illimitée dans la force de l'enseignement et de la raison. A les en croire, tous les écarts des populations ouvrières n'auraient d'autre cause que l'ignorance. Il dépendrait de la société d'opérer la transformation morale de l'humanité en vingt ou trente années. Cette thèse séduisante, nous l'avons soutenue nous-mêmes naguère. Ç'a été notre début dans la carrière de publiciste [1]. Nous n'abandonnons pas aujourd'hui nos convictions d'hier : mais les faits ne semblent pas justifier ces espérances. Cet état-major ouvrier, si remuant, si hostile à la société, si ouvertement communiste, n'est-il pas amplement pourvu de l'enseignement primaire? Tous

---

1. Voir notre livre intitulé : *De l'état moral et intellectuel des populations ouvrières et de son influence sur le taux des salaires* (couronné par l'Institut). Paris, Guillaumin, libraire-éditeur, 1867.

les manifestes qu'il lance ne sont-ils pas écrits avec
pureté, rédigés avec méthode et quelquefois avec
éloquence? Pour qui a fréquenté, comme nous,
les réunions publiques, n'est-il pas certain que la
partie des ouvriers la plus dangereuse, c'est précisément celle qui a le plus de notions littéraires
et scientifiques, qui a une teinture légère de
toutes les connaissances humaines, c'est en outre
celle qui gagne les plus hauts salaires?

Serait-ce à dire que l'homme doive être accablé
sous le poids des nécessités matérielles et enfoui
dans les ténèbres intellectuelles pour n'avoir pas
le sentiment de ses maux, pour les supporter du
moins avec patience, pour ne nourrir ni aigreur
ni colère contre la société et la civilisation? Nous
nous refusons à admettre cette spécieuse erreur.
Nous aimons mieux croire que l'instruction dis-
pensée aux populations ouvrières ou d'une manière plus générale à l'enfance et à la jeunesse de
toutes les conditions, est de mauvais aloi, qu'elle
n'est ni assez solide, ni assez substantielle, qu'elle
ne porte pas sur les connaissances les plus indis-
pensables. Nous aimons mieux croire, surtout,
que mille vices, inhérents beaucoup moins à nos
lois qu'à nos mœurs, s'opposent aux bons effets
de l'instruction scolaire.

Tout homme sérieux et aux idées larges, qui se préoccupe du sort et des tendances des classes laborieuses, doit d'abord reconnaître que la crise actuelle a des causes très-générales et tenant beaucoup plus à l'état moral qu'à l'état matériel de notre société. Il ne faut pas se le dissimuler, c'est la société tout entière et non pas seulement telle ou telle fraction, qui est malade. Les parties opulentes ou aisées des nations européennes et surtout de la nation française ont leur large part de responsabilité dans les désordres qui nous déchirent et qui nous menacent.

Les liens, qui unissaient autrefois dans de fréquents et affectueux rapports les conditions diverses d'une même nation se sont peu à peu relâchés, puis enfin rompus. Les familles, qui possèdent le dépôt de la richesse et de la science, se sont insensiblement isolées des groupes moins bien doués et moins heureux. Il n'est plus resté en présence qu'une masse d'individus, vivant côte à côte dans les destinées les plus inégales, demeurant étrangers les uns aux autres, et ne nourrissant à l'égard de leur prochain que des sentiments d'indifférence, de mépris ou d'envie. C'est surtout dans les grandes villes que s'est accentué avec le plus de force cet antagonisme social.

Toutes relations y ont disparu entre le riche et l'ouvrier : l'ancienne bonhomie, l'intérêt bienveillant, la familiarité courtoise sont aussi difficiles à retrouver dans nos mœurs que la déférence et le dévouement. Chacun se tient à l'écart et s'enferme dans une dignité d'apparat, ne voulant avoir avec les personnes d'une situation différente que les rapports strictement nécessaires. Ainsi se sont reconstituées peu à peu les castes, qui n'existent pas dans nos lois, mais que créent les conventions et les mœurs.

La véritable notion de la richesse et de son usage s'est également éteinte. On s'est habitué à ne plus voir dans la fortune qu'un moyen de jouissance et une satisfaction de vanité. La société française est devenue une société de parvenus et d'aventuriers, dont le seul but est de s'éclipser les uns les autres et d'exciter l'envie publique. Toutes les ressources des particuliers se sont tournées vers le luxe extérieur. On a tout sacrifié à la splendeur des vêtements, des équipages et des mobiliers. *Le monde* n'est plus à Paris qu'une collection de bourgeois gentilhommes ayant tout les travers d'esprit, toutes les fautes de conduite de M. Jourdain, avec beaucoup plus de corruption de cœur. La plupart des familles aisées ont pris des habi-

26

tudes nomades, affluant vers les grandes villes et vendant leurs biens de campagne héréditaires. L'éducation de la jeunesse a été d'une nullité déplorable. La plupart des enfants auxquels le labeur des générations antérieures assuraient quelques centaines de mille francs de fortune à venir, étaient élevés avec un laisser aller et une négligence criminels, habitués à la pensée de vivre sans efforts et sans travail, de consumer leurs jours dans l'oisiveté et le plaisir. Ainsi les mœurs des classes aisées avaient perdu en Europe, et plus spécialement en France, la dignité, le sérieux et la simplicité.

Que les populations ouvrières aient été affectées de la contagion de ce mal, qui pourrait s'en étonner? On les accuse à bon droit d'ivrognerie, mais que font sur nos boulevards ces lignes de cafés regorgeant d'oisifs et de buveurs d'absinthe, qui envahissent la chaussée? On leur reproche de l'inconduite et de l'immoralité. Mais qui nourrit ces courtisanes élégantes, dont le luxe effronté s'étale sur nos promenades et dans nos théâtres et dont les noms sont répétés et prônés avec une sorte de déférence par nos journaux de salon? On les accuse encore de paresse et de manque d'assiduité aux ateliers. Mais ces légions de promeneurs des boulevards, où sont leurs occupations? On les blâme d'être révolutionnaires. Mais tous ces avocats et écrivains de haute volée, censeurs et moralistes austères, impitoyables redresseurs des torts, ne font-ils pas, eux aussi, des coups de main pour se transformer subitement en *Excellences?* Ouvrons les yeux et avouons nos fautes. La population ouvrière des grandes villes n'a d'ordinaire devant elle que des exemples corrupteurs. Son plus grand crime est d'être trop prompte à imiter ces classes opulentes qu'elle envie. Il est facile de se transformer en Salluste et de déclamer contre une immoralité qu'on partage et qu'on a contribué à créer. Mais ce rôle est peu digne d'un esprit éclairé et sincère. Confessons donc humblement nos fautes et travaillons à notre réforme ; tous, qui que nous soyons, membres de la partie riche et intelligente de la nation, nous avons à dépouiller le vieil homme et à apprendre la pratique du devoir.

L'instruction générale de nos sociétés modernes et spécialement de la société française est aussi défectueuse que l'éducation et les mœurs. Où est dans nos écoles la part des connaissances solides, substantielles, modernes? Dieu nous garde de nous élever contre l'enseignement littéraire et classique ! Nous conserverons toujours un reconnaissant souvenir des années studieuses de l'adolescence passées dans la contemplation des chefs-d'œuvres de l'antiquité. Mais il faut à ces études un contre-poids, ou tout au moins un complément. Cette science sociale si importante, ces notions exactes et saines sur l'économie des nations, où donc les puisse-t-on chez nous? Combien d'esprits peuvent se dire familiers avec les principes économiques? Combien sauraient donner une définition du capital? Combien connaissent les lois naturelles qui règlent la répartition des profits et des salaires, c'est-à-dire des destinées humaines? Combien savent que la société repose sur autre chose que des conventions et que la propriété n'est pas une création de la loi? Parcourez les programmes des hautes écoles, où trouvez-vous en France l'enseignement économique? Cherchez dans toutes nos Facultés, à commencer par la Sorbonne, nulle part vous ne saisissez l'écho de notre science fondamentale. A l'école de Droit, elle a été introduite depuis peu d'années, mais elle est encore traitée comme une intruse, sans influence et sans portée.

Sortons de la sphère de l'enseignement scolaire, entrons dans ce que l'on est convenu d'appeler

« le monde ». Peut-on dire que les idées courantes sur l'origine et le rôle de la richesse y
soient justes et raisonnées? Prenons en main ces
feuilles légères, aux milliers d'abonnés, est-ce
qu'elles ne regorgent pas des hérésies économiques
les plus criantes, est-ce qu'on ne voit pas s'y étaler
à grand fracas les plus fantaisistes erreurs sur la
constitution de la société? Soyons sincères : parmi
tant d'ardents défenseurs du capital et d'ennemis
acharnés du socialisme, combien sont en mesure,
par leur éducation et par leurs réflexions, de
soutenir efficacement leur cause et de repousser
les sophismes de leurs adversaires? Si les notions
de la science économiques sont si rares et si
mutilées dans les classes opulentes de la société,
quoi d'étonnant que l'école primaire et le foyer
de l'ouvrier y soient demeurés étrangers?

C'est par en haut que doit commencer la
réforme. Nous perdrons notre temps à vouloir
moraliser et instruire les ouvriers tant que nous
ne leur prêcherons pas d'exemple. Leur bon sens
repoussera tous nos conseils, s'ils découvrent en
nous-mêmes les défauts que nous critiquons chez
eux. Apprenons d'abord l'usage vrai de la
richesse : création du travail, elle ne doit pas être
destinée à la satisfaction mesquine des vanités

ou des fantaisies individuelles : elle a un but plus noble et plus utile, elle doit servir au développement intellectuel et moral de l'humanité. Ce doit être un instrument de puissance, beaucoup plus que de jouissance : elle doit enfanter des loisirs studieux et des fondations d'intérêt général : l'encouragement des arts, le perfectionnement des sciences, la recherche des meilleures méthodes industrielles et agricoles, les subventions aux œuvres utiles, tels sont les devoirs et les plaisirs naturels de la richesse. Une société qui l'emploie à d'autres usages et qui la gaspille en vaines fantaisies et en grossiers plaisirs, est une société en pourriture. Elle pourra bien durer quelque temps encore avec les apparences de la vigueur, mais bientôt elle s'affaissera sur elle-même et tombera en proie aux parasites qui s'en disputeront les lambeaux.

Nous n'avons sans doute pas la prétention de former une nation de *quackers*. Mais si nos classes élevées veulent avoir quelque force contre le socialisme, il faut qu'elles cessent de constituer une société de parvenus, bouffis de vanité ridicule et de morgue inconvenante. Il faut qu'elles deviennent simples, sérieuses, affables. Chaque régime social a ses exigences et comporte un mode spécial de vie et de conduite. La démocratie, qui est notre système politique et civil, ne peut éternellement s'accommoder de nos habitudes futiles. Il faut que nos mœurs s'impreignent d'une certaine austérité : il faut que les relations et les liens entre les personnes des diverses conditions deviennent plus fréquents et plus étroits. La richesse aussi, au lieu d'exciter l'envie, doit chercher à mériter la reconnaissance; elle ne saurait assez se surveiller elle-même pour se préserver de tout écart et de toute erreur. Autrefois combien étaient nombreux dans les sphères élevées ceux qui consacraient une partie de leurs revenus et de leur temps à des œuvres charitables, la dotation d'églises ou d'écoles, l'édification de monuments d'utilité publique? Ces louables procédés, qui manifestaient dignement le rôle social de la richesse, sont depuis longtemps tombés en désuétude. C'est un des symptômes les plus graves de notre désorganisation. Une société, qui ne produit aucune fondation due à l'initiative des particuliers, est bien près d'être une société morte. Et cependant, que n'y a-t-il pas à faire pour accélérer la marche du progrès, pour relever le niveau de la morale publique, pour rétablir l'union entre les classes? D'où vient que depuis près d'un siècle il ne se soit encore fondé en France qu'une seule école La Martinière.

Nous ne tombons pas dans l'illusion que le socialisme disparaîtrait complétement d'une société où les mœurs seraient plus dignes et plus régulières. Mais combien moindres y seraient sa force et le nombre de ses adhérents ? Ce ne sont pas les souffrances matérielles qui exaspèrent et aigrissent les populations. On ne risquerait rien à parier que les groupes ouvriers les plus portés pour le communisme sont précisément ceux dont le sort est le plus assuré. Les ouvriers en articles de Paris, les tonneliers de certaines villes du midi de la France, ont des conditions d'existence très-passables et de beaucoup supérieures à celles de l'employé ou du petit bourgeois. Mais c'est principalement le scandale de mœurs corrompues, d'une richesse mal employée qui aigrit l'esprit et le cœur d'hommes trop portés à l'envie. Croit-on qu'il y aurait beaucoup de socialistes dans une nation qui compterait un grand nombre de Peabody ?

La conclusion de ces généralités, c'est que la solution de la question ouvrière dépend avant tout de la réforme de nos mœurs sociales. C'est cette connexité qui est la difficulté principale.

S'il ne s'agissait que d'améliorer la condition matérielle des populations laborieuses, l'on pourrait compter d'une manière presque infaillible sur le développement de l'industrie, sur les inventions de l'esprit humain dans les sciences appliquées au travail, sur l'accumulation des capitaux, sur la découverte de méthodes nouvelles et plus parfaites pour l'exploitation du sol et pour la fabrication des produits. Il est presque certain que toutes ces causes contribueront dans l'avenir à élever le salaire et à accroître les loisirs des hommes. Mais cela ne suffit pas pour établir la paix sociale. A supposer que par un bienfait providentiel chaque ouvrier se trouvât subitement gagner dix francs par jour en sept ou huit heures de travail, le socialisme y perdrait peu de chose. C'est à peine si l'effectif nombreux, qui afflue sous ses bannières, diminuerait momentanément de quelques unités. Il se retrouverait bientôt au complet et reprendrait sa marche ascendante, tellement il est vrai que la crise dont nous souffrons provient du désordre moral beaucoup plus que des conditions matérielles de la société !

Pour que l'apaisement se produisît entre les différentes classes d'un même peuple, il faudrait, donc une série d'efforts collectifs, un retour vers des mœurs plus simples et plus bienveillantes, un meilleur usage de la richesse acquise, une moindre frivolité mondaine. L'envie diminuerait en bas en même temps que le dédain diminuerait en haut. Il faudrait renouer les relations primitives qui rattachaient naguère les travailleurs manuels aux professions plus élevées. Ce serait assurément une chimère que de compter sur une prompte réforme en ce sens. Mais tout observateur attentif peut prévoir que les sociétés européennes, et spécialement la société française, seront vouées à des agitations sans fin et aux plus cruels déchirements intérieurs, s'il ne se fait une énergique tentative pour arrêter le mouvement croissant de luxe désordonné, de vanité ridicule, de dévergondage moral et de nullité intellectuelle, qui a pris dans les classes élevées de si grandes proportions depuis vingt ans.

Sortons de ces considérations générales et essayons de découvrir quelques réformes de détail, qui seraient d'une application aisée et qui pourraient contribuer dans une certaine mesure à amoindrir les rancunes populaires et à prévenir les malentendus funestes entre les classes de la société.

L'un des plus grands maux de la situation

actuelle, c'est que les ouvriers et les bourgeois vivent aussi séparés les uns des autres que s'ils constituaient deux peuples différents et même ennemis. Ils n'habitent pas les mêmes quartiers, ils ne fréquentent pas les mêmes lieux, ils n'ont pas les mêmes lectures : une sorte de barrière invisible se dresse partout et toujours entre eux au point de les parquer en deux mondes opposés. Il n'en était pas ainsi jadis. La constitution de la grande industrie est une des principales causes de ce changement regrettable. Il faut en prendre son parti ; le retour en arrière n'est pas possible sur ce point ; les vastes usines sont une des nécessités et un des triomphes de la civilisation contemporaine : elles sont au-dessus de toute atteinte. Mais il ne faut pas que les dispositions des hommes viennent exagérer le mal qu'a produit la nature des choses. Il est amplement démontré par les faits que beaucoup de froissement chez les ouvriers, beaucoup de réclamations et même de grèves n'ont d'autre origine que l'isolement où se place souvent l'industriel par rapport au personnel qu'il emploie. N'a-t-on pas souvent lieu de constater entre le patron et les ouvriers une absence presque complète de relations d'homme à homme?

Les travailleurs manuels connaissent quelquefois à peine de vue celui qui les occupe et qui les paye. Et cependant pour l'harmonie sociale, c'est-à-dire pour la confiance mutuelle, il faudrait des rapprochements plus intimes et plus fréquents. C'est une chose difficile, sans doute : l'ensemble de préoccupations qui assiègent l'esprit d'un grand fabricant lui laisse peu de loisirs pour surveiller lui-même ses ouvriers et pour entrer avec eux en rapports directs : d'un autre côté, l'accueil qu'il reçoit n'est pas toujours assez agréable pour qu'il se charge de bon cœur de ce surcroît de tâche. Mais, dans l'intérêt de la société, il serait désirable que le patron ne se tînt pas complétement à l'écart, qu'il ne s'enfermât pas dans un sentiment exagéré de sa dignité : s'il est une maxime fausse dans notre état de civilisation, c'est celle qu'émettait un grand écrivain romain : *major e longinquo reverentia.*

Les patrons et les directeurs de compagnie ne devraient donc pas abandonner entièrement, comme c'est trop souvent l'usage, à des agents subalternes le soin de trancher les difficultés irritantes. Les chefs d'atelier et les contre-maîtres manquent presque toujours des qualités d'affabilité et de bienveillance nécessaires pour apaiser les ressentiments et concilier les esprits. Toujours en présence des ouvriers, ces intermédiaires ont pour eux peu d'estime; ils sont rudes et parfois arrogants : la souplesse, l'habileté leur font dé-faut. C'est assurément l'une des tâches les plus difficiles de la civilisation moderne que celle de conduire le personnel d'une usine ou d'un atelier. Ce qu'il faut de tact, de fermeté et de connais-sance des hommes pour s'acquitter de cette tâche ingrate et méritoire, c'est ce que l'on ne saura jamais assez mettre en lumière. Combien de grèves n'ont eu d'autre motif que le mécontente-ment plus ou moins légitime des ouvriers contre un contre-maître ou un ingénieur? M. le comte de Paris en cite un exemple frappant dans son livre sur les *Trades unions* [1]. La fameuse et sanglante coalition d'Aubin n'eut pas d'autre origine.

Dieu nous garde d'encourager les patrons à sacrifier leurs employés aux rancunes ou aux préventions de manœuvres injustes ou ignorants ! Mais l'on ne saurait apporter trop de discerne-ment au choix des préposés à la direction des ateliers et des travaux. La plupart des difficultés entre les ouvriers et les patrons pourraient être

____

1. Page 222.

évitées par des agents intelligents et impartiaux.
Les amendes, les retenues pour malfaçon, la
réception et le contrôle des produits, l'organisation même du travail, la transformation des machines, ce sont là les questions brûlantes, qui se
présentent tous les jours dans l'industrie et qui,
si elles sont tranchées imprudemment, peuvent
exciter les rancunes les plus tenaces et les plus
dangereuses.

Pour maintenir l'ordre dans les usines, pour
indemniser le patron du chômage plus ou moins
prolongé de quelques-uns de ses métiers, on juge
indispensable que l'ouvrier, qui est en retard,
paye une amende. Cela est parfaitement équitable
en principe : mais que de ménagements ne faut-il
pas dans l'application ! C'est là un des points qui
ont le privilége d'irriter le plus les mauvais ouvriers et quelquefois aussi les bons. L'on a pris
dans beaucoup d'établissements l'excellente habitude de verser à la caisse mutuelle de secours le
produit de ces retenues. Les ouvriers n'en restent
pas moins défiants et soupçonneux. Il faut s'efforcer d'enlever à leurs prétendus griefs toute
base sérieuse par une excessive équité et une
grande modération.

Dans beaucoup d'autres occasions, l'on pra-

tique des retenues, qui ont leur naturelle raison
d'être, mais qui réclament les mêmes soins et pour
ainsi dire les mêmes scrupules de la part de ceux
qui les prononcent. Combien d'abus, en effet, ne
se glissent pas dans ces décisions, presque toujours sommaires et même arbitraires quelquefois?
Les retenues pour malfaçon principalement sont
d'une application délicate. Des industriels peu
scrupuleux ou des agents sans bienveillance
cachent parfois sous ce nom des injustices
réelles.

Dans certains pays les pouvoirs publics ont cru
de leur devoir d'intervenir pour réglementer cette
matière si épineuse. Le parlement britannique,
si réservé d'ordinaire dans ses rapports avec l'industrie, n'a cependant pas reculé devant des lois,
dont nous ne provoquons pas l'imitation, mais
dont il est regrettable qu'on ait senti en Angleterre la nécessité. C'est ainsi que la loi anglaise
a interdit les amendes imposées aux pudd-
leurs, quand les produits qu'ils livrent sont
jugés défectueux[1]. L'assemblée de Westminster
a même été bien plus loin encore. Il s'était
établi dans les houillères un procédé, connu

1. Voir le comte de Paris, p. 123.

sous le nom défavorable de *confiscation*. Toutes les fois qu'une caisse de houille, arrivant à la surface, se trouvait ne pas avoir le poids voulu, ou qu'elle contenait une certaine quantité de terre, de pierre, etc., on en versait le contenu au magasin, sans l'inscrire au compte du mineur qui l'avait extraite et sans rien lui payer pour son travail. L'on conçoit combien cette pratique pouvait prêter à des récriminations. Le parlement s'émut de ces griefs, il fit une loi pour établir comme contrôleur du pesage un ouvrier de la houillère, nommé par ses camarades et payé conjointement par eux et les propriétaires. L'on sait aussi que la loi anglaise prohibe de la manière la plus rigoureuse les fournitures de denrées faites par les industriels à leurs ouvriers. C'était devenu, il y a un certain nombre d'années, un usage fréquent, très-profitable aux patrons peu scrupuleux, et connu sous le nom du *truck system*. Les industriels, chez lesquels l'avidité étouffait le sentiment de l'honnêteté, vendaient ainsi à crédit aux ouvriers, les poussaient à faire des dépenses exagérées et les réduisaient peu à peu en une sorte de servage. La loi anglaise a défendu ce commerce, souvent fort innocent, quelquefois équivoque et même criminel.

En France aussi et sur certains points la législation a cru devoir s'immiscer dans les rapports entre patrons et ouvriers pour écarter toute tentative d'exploitation de l'homme par l'homme, et peut-être aussi pour enlever tout motif aux récriminations peu sincères. Il suffit de se rappeler la loi de 1850 sur le tissage et le bobinage et les lois qui ont restreint le privilége des patrons pour leurs créances inscrites sur le livret des ouvriers.

Nous nous garderons toujours de provoquer une intervention de la législation dans les relations industrielles. Il y a un danger évident à encourager ces empiétements. L'expérience prouve, d'ailleurs, qu'ils ont peu d'efficacité. Dans la grande enquête sur les *trades unions*, qui est comme le résumé des plaintes et l'exposé des rancunes des ouvriers en Angleterre, l'on a démontré que les lois sur les amendes pour malfaçon et sur le pesage dans les houillères étaient soit ouvertement violées, soit astucieusement éludées.

Le journal *The Economist*, dans plusieurs de ses numéros de l'année 1870, nous apprend en outre que la pratique, prohibée sous le nom de *truck system*, fleurit encore dans le nord de la Grande-Bretagne et spécialement en Écosse.

Hélas! ce sont les mœurs qui sont seules efficaces pour faire régner la justice dans ces quotidiennes relations d'homme à homme. Il faudrait une police d'Argus pour faire exécuter des règlements qu'une multitude d'intérêts individuels s'efforcent de tourner. Cependant, l'on ne se rend pas compte que ces difficultés de détail ont une importance sans pareille pour la paix sociale. Plût à Dieu que l'opinion publique eût l'œil ouvert pour flétrir les abus, qui se commettent souvent sous le prétexte de nécessités industrielles ! C'est en pareille matière que la loi de Lynch doit trouver son application. Il appartient aussi aux patrons de veiller dans leur propre intérêt à ce que leurs préposés, ingénieurs, directeurs, chefs d'ateliers et contre-maîtres, gardent toujours dans ces difficiles questions l'impartialité requise. Nous visitions, il y a deux ans, les grands ateliers de la maison Godillot pour l'habillement des troupes ; plusieurs centaines de jeunes filles y travaillent à la couture à la vapeur : une femme de tête et de cœur dirige cette fabrication et voulait bien nous servir de guide dans cette inspection philanthropique : elle nous disait, entre autres choses instructives, que la réception des travaux est faite dans cet établissement par des femmes, les hommes n'étant pas assez impartiaux ni assez justes

pour les jeunes ouvrières. Déclaration précieuse!
Ainsi il se trouve parfois des contre-maîtres assez
peu scrupuleux pour abuser au profit de leurs
passions du droit qu'ils ont de recevoir les travaux
et de décréter des retenues! Combien de haines ne
doivent pas exciter ces abus quand ils se produisent?

Plus l'on étudie de près la situation des classes
ouvrières, plus l'on découvre que le seul moyen
d'adoucir les relations sociales, c'est de prévenir
une foule de petites injustices presque latentes et
de mauvais procédés de détail. Ce qui blesse l'ouvrier dans les amendes et les retenues, c'est moins
la perte qu'il subit que l'humiliation qu'il éprouve
ou l'injustice dont il se croit quelquefois victime. Il n'y a aucun doute, par exemple, que les
amendes infligées par les fonctionnaires des *trades
unions* à leurs adhérents, coupables de négli-
glence, ne soient beaucoup plus fortes que celles
qui sont inscrites dans les règlements de nos
usines. Ce n'est donc pas surtout le préjudice matériel qui frappe et irrite l'ouvrier en pareil cas.
Aussi importe-t-il qu'une excessive prudence et
une scrupuleuse impartialité président à l'application de ces pénalités industrielles.

Dans bien d'autres circonstances encore, il se

produit parfois des abus, qui rendent odieux à l'ouvrier les procédés et les instruments de fabrication les plus perfectionnés. L'hostilité populaire contre le travail à la tâche, contre l'introduction de machines nouvelles dans l'industrie, enfin contre les apprentis, semble croître chaque jour au lieu de diminuer avec le progrès de l'instruction. Les préventions, si tenaces chez les travailleurs manuels, ne sont pas une des moindres causes du désordre social. Assurément, rien n'est si utile à l'ouvrier que le remplacement du travail à la journée par le travail à la tâche. Comment se fait-il donc qu'il comprenne si mal son intérêt et qu'il ait aussi peu le sentiment de sa vraie dignité? Du moment, en effet, qu'il est rétribué en proportion de son ouvrage, le travailleur est élevé au rang d'entrepreneur à forfait, il est plus maître de lui, il échappe davantage à une surveillance rigoureuse et pénible. Le travail à la journée dans les industries délicates entraîne souvent cette conséquence que les ouvriers sont payés d'après des tarifs différents, selon leur habileté et leur zèle reconnus, ce qui est une humiliation véritable pour quelques-uns d'entre eux. D'autres fois, comme on l'a vu fréquemment en Angleterre, les patrons qui font travailler à la journée promettent et donnent en secret un supplément de salaire à certains ouvriers, qui consentent à déployer beaucoup d'ardeur et à stimuler par l'exemple leurs camarades. Ainsi, quoi que l'on fasse, même avec le travail à la journée, l'on arrive d'une manière plus ou moins directe à une inégalité de rémunération entre les différents travailleurs. Pourquoi donc l'ouvrier résiste-t-il au procédé si perfectionné du travail à la tâche? Pourquoi s'élève-t-il contre l'introduction de nouvelles machines? Pourquoi veut-il sans cesse réduire le nombre des apprentis? N'y a-t-il dans ces griefs qu'ignorance et qu'égoïsme? Sans doute, l'égoïsme et l'ignorance tiennent une très-grande place dans ces récriminations : mais examinons les choses de près, nous verrons que parfois certains abus expliquent dans une certaine mesure cette résistance des populations ouvrières.

Le travail à la tâche, l'introduction de machines nouvelles, l'accroissement du nombre des apprentis, peuvent être l'occasion, en effet, d'une diminution indirecte de salaire. Cela ne se rencontre, il est vrai, que dans les usines dirigées par des industriels peu scrupuleux; mais l'expérience de la France et de l'Angleterre, les différentes lois que nous avons citées plus haut, prouvent qu'il y a encore un trop grand nombre de fabricants peu loyaux. Quand on change les engins ou les procédés de fabrication, dans le système du travail à la tâche, il faut fixer à nouveau et sur des bases presque arbitraires le prix de l'unité de travail. Le patron intelligent et honnête ne cherche pas à profiter de cette circonstance pour déprécier la situation de l'ouvrier et réduire indirectement sa rénumération : mais le patron qui n'a pas ces qualités et qui poursuit ce dernier objet, a toutes facilités pour l'atteindre. Il lui est aisé, en déterminant le prix de la nouvelle unité de travail, de gagner quelque chose sur les salaires antérieurs; c'est assurément de sa part une mauvaise politique aussi bien qu'une mauvaise action. Mais ces faits ne se rencontrent que trop souvent. C'est là une des causes de l'hostilité presque générale des ouvriers contre les nouvelles machines et contre le travail à la tâche : ils craignent que le changement de tarif, qui est nécessaire, après ces transformations industrielles, ne leur soit défavorable. On voit, dans la grande enquête anglaise sur les *trades unions*, que ces griefs reviennent avec autant d'énergie que de fréquence.

Le seul remède, c'est de désarmer les soupçons par une bonne foi évidente, c'est de s'efforcer que l'ouvrier sente immédiatement l'effet bienfaisant des procédés et des machines perfectionnées. L'on reproche aussi à ces dernières de réduire parfois, dans des proportions considérables, l'effectif des travailleurs et de jeter un certain nombre de ceux-ci sur le pavé. La transition, en effet, est difficile ; mais elle peut être atténuée et adoucie par de la bonne volonté et des ménagements. L'on peut ne procéder que graduellement, avec mesure. Il faut que le progrès ne se montre pas trop brutal. L'industrie contemporaine, avec ses incessantes transformations, exige, de la part de ceux qui la dirigent, beaucoup de prudence et de bienveillance pour le personnel ouvrier. Parfois la défiance des travailleurs provient de craintes exagérées et faciles à dissiper. L'on a vu en Angleterre des houilleurs se mettre en grève, parce qu'ils refusaient de se servir, pour descendre dans les puits, de nouveaux câbles de fils de fer, qui ne leur inspiraient pas la même confiance que leurs vieilles cordes de chanvre. N'est-il pas probable qu'une direction intelligente aurait pu démontrer à ces houilleurs que l'innovation ne comportait pour eux aucun péril et éviter ainsi une grève. D'autres fois, ce sont les conditions sanitaires de l'atelier et l'insuffisance des mesures préservatrices qui provoquent le mécontentement et les crises.

La question des apprentis présente aussi plusieurs faces différentes. Sans doute, la plupart du temps les prétentions des ouvriers sur ce point sont exagérées et empreintes d'un criminel égoïsme. Mais quelquefois aussi leurs plaintes ne sont pas sans légitimes motifs. S'il est juste de flétrir les ouvriers bien rétribués, qui s'efforcent par la violence de maintenir pour eux seuls comme un monopole l'exercice d'une industrie lucrative, l'on ne doit pas cependant fermer les yeux sur les abus qu'entraîne parfois, et dans certains métiers, la pratique de l'apprentissage. C'est surtout dans la petite industrie et dans le bâtiment que cette sorte d'éducation professionnelle présente un caractère quelquefois déloyal et même frauduleux. Presque toujours l'apprentissage prend des proportions excessives : il s'étend sur un laps d'années qui dure jusqu'à cinq et sept ans, alors que la moitié, quelquefois même le tiers ou le quart de cette durée suffirait pour faire un ouvrier accompli. De cet état de choses découlent des inconvénients nombreux et des conséquences irritantes. Tant qu'il est considéré comme apprenti, l'ouvrier travaille gratuitement ou à prix réduits, alors même qu'il connaît parfaitement le métier et qu'il sait bien s'acquitter de sa tâche. Qu'en résulte-t-il? C'est que certains patrons ont une tendance à augmenter d'une manière déraisonnable le nombre de ces ouvriers à bas prix : ils profitent de la connivence des parents, qui ne demandent souvent pas mieux que de se débarrasser du soin d'entretenir leurs enfants et qui signent, sans y regarder, des contrats d'apprentissage à long terme. Les mêmes abus ne se rencontrent que pour les engagements que nos colons font souscrire à des coolies indiens et chinois. Au bout de peu de temps, ce contrat dégénère en une sorte de servage. L'apprenti est employé par le petit patron à des services personnels et à des soins de ménage. L'on ne saurait citer une cause plus générale de rancunes et de haines.

Ayant ainsi travaillé sans profit pour lui-même pendant de longues années, alors qu'il eût suffi de quelques mois ou tout au plus de deux ou trois ans pour passer maître dans son art, l'ouvrier considère l'exercice de son métier comme un privilége : il veut faire peser sur les autres la servitude dont il a été jadis victime; il se croit en possession d'un droit exclusif au travail qu'il a appris; et il émet la prétention de limiter le nombre de ceux qui viendront un jour lui faire concurrence. Il se croit d'autant plus fondé à surveiller et à restreindre le chiffre des apprentis, qu'il sait combien certains patrons sont enclins à l'augmenter démesurément pour jouir d'une main-d'œuvre à prix réduit.

Il est incontestable que l'apprentissage réclame des réformes dans les mœurs et peut-être même dans les lois. Le Code français ne permet pas entre ouvriers et patrons des engagements de plus d'une année. L'apprentissage est une dérogation nécessaire à cette règle absolue : mais il doit être renfermé dans des limites plus étroites que celles où il se meut aujourd'hui. Il faut prendre des précautions pour qu'il ne dégénère pas en exploitation abusive et en concurrence déloyale vis-à-vis des ouvriers. La société entière n'aura qu'à se féliciter des modifications restrictives, qui pourront être apportées au contrat d'apprentissage : dégagée de ces excès, cette éducation professionnelle dans l'atelier deviendra plus régulière et plus fructueuse. Beaucoup de temps, aujourd'hui inutilement gaspillé, sera employé d'une manière productive. Le jeune ouvrier apprendra mieux son métier en moins d'années, il travaillera avec plus de zèle, il sera plus tôt en état de faire des économies, il aura moins de rancunes dans le cœur : ses camarades, plus âgés, ne pourront plus se plaindre de la concurrence de cette main-d'œuvre presque servile et à prix réduits. Personne n'y perdra, d'ailleurs, car la production deviendra plus active. Les classes ouvrières des grandes villes, où se pratique le plus la petite industrie, verront s'évanouir une des principales causes de leurs ressentiments contre la société.

Si nous voulions continuer cet examen de détail des griefs qui irritent les populations ouvrières, nous trouverions encore bien des procédés excessifs et indélicats, qui sont autant de ferments de discorde et de haine. Il faut courageusement s'appliquer à les faire disparaître, quelquefois par les lois, plus souvent par les mœurs. Un grand esprit de conciliation, une honnêteté réelle, de la simplicité et de la franchise, voilà quels sont les baumes qui pourront peu à peu calmer bien des colères et arracher une partie de nos ouvriers aux associations communistes.

Une des questions, qui intéressent le plus les travailleurs manuels et par contre-coup la société entière, c'est celle des époques du payement des salaires. Quand l'ouvrier ne touche sa rémunération qu'à des espaces très-éloignés comme, par

exemple, tous les mois, c'est pour lui une cause
de gêne et de gaspillage. C'est une tentation à la
débauche et par suite l'origine d'une grande pénurie dans le ménage. D'un autre côté, il est difficile à la plupart des industriels de faire à leurs
ouvriers des versements fréquents. Dans l'organisation du travail à la tâche, il faut plusieurs jours,
le plus souvent, pour que l'unité de travail et de
compte soit terminée. En outre, la comptabilité serait parfois trop compliquée et la difficulté de se
procurer de l'argent trop grande, pour que l'usine
pût rétribuer les ouvriers à bureau ouvert au fur
et à mesure de la production. Mais l'expérience
prouve que l'on peut s'ingénier pour découvrir
et pour appliquer des procédés qui permettent à
l'ouvrier de toucher plus tôt son salaire et à des
intervalles plus rapprochés.

L'avenir devra amener des modifications dans
ce sens. Il est déjà des usines métallurgiques où
l'on est parvenu à déterminer toutes les vingt-
quatre heures le gain de chaque ouvrier puddleur.
Quant à la difficulté d'avoir en permanence les
fonds nécessaires pour que l'on puisse solder
toutes les semaines, ou même plusieurs fois par
semaine, les salaires d'un grand établissement, il
est facile d'y remédier. On pourrait remettre en

effet à l'ouvrier des bons, remboursables à une époque déterminée, et qui circuleraient chez les fournisseurs comme de l'argent comptant. Il est vrai que notre législation sur les banques s'opposerait actuellement à ce procédé ingénieux : mais rien n'est plus aisé que de faire sur ce point une dérogation, dont il serait difficile d'apercevoir les inconvénients. Par ces payements rapprochés l'ouvrier serait moins sollicité à la débauche, il ne serait plus forcé de recourir au crédit, qui enchérit pour lui toutes les consommations et qui augmente dans des proportions énormes le coût de sa subsistance. En admettant même que des versements bihebdomadaires ne dussent jamais être praticables dans la majorité des grandes industries, il n'en resterait pas moins vrai que des efforts doivent être tentés pour que le payement des salaires s'opère à des intervalles peu éloignés et pour qu'il ne coïncide pas avec des jours de fête et de chômage.

Il serait long d'énumérer toutes les mesures trop négligées qui faciliteraient à l'ouvrier la vie matérielle et qui adouciraient ses ressentiments contre la société. Ce que désire surtout l'ouvrier honnête et intelligent, c'est la sécurité et c'est précisément ce qui lui manque le plus. Dans

28.

beaucoup de circonstances il a manifesté un penchant très-vif pour les engagements de quelque durée, moyennant un prix connu d'avance. Il est des industries où ce système d'engagements a pu se pratiquer sans inconvénient, il en est d'autres où il pourrait s'introduire. Tout au moins pourrait-on avoir un personnel fixe et un personnel mobile : cette division répondrait aux différences d'humeur des ouvriers : il est certain qu'un grand nombre d'entre eux se féliciteraient d'être attachés à poste fixe à un établissement. C'est surtout dans les mines et houillères que ce procédé peut s'appliquer. Ainsi serait acquise au travailleur manuel la sécurité du lendemain.

Bien des corps d'état, dans la petite industrie et dans le bâtiment, ont manifesté un goût très-prononcé pour des tarifs de salaire établis d'avance et en vue d'un certain laps d'années. Les charpentiers de Paris, à diverses époques, ont fait avec leurs patrons des contrats établissant pour dix ans le prix de la main-d'œuvre. Dans certaines villes d'Angleterre des conventions du même genre sont intervenues et interviennent encore pour une plus courte durée. Le mérite de ces traités, c'est d'éviter les conflits fréquents et les grèves subites. Ce sont des points d'arrêt et de trêve dans la guerre que les travailleurs manuels ont déclarée au capital. A ce titre, ils méritent d'être recommandés et pratiqués quand ils sont possibles.

Le revers de la médaille de la magnifique industrie contemporaine, c'est une instabilité excessive. Chacun en souffre, mais les ouvriers surtout. L'on n'est jamais sûr du lendemain. Il est inévitable que la réflexion et l'expérience introduiront peu à peu des combinaisons ayant pour but de remédier aux maux qui proviennent de ces fluctuations industrielles et de l'alternative des périodes de grande activité avec les périodes de chômage. Nous ne sommes qu'au début de la grande industrie, puisqu'il n'y a pas un siècle qu'elle s'est constituée en Europe ; nous n'avons encore tiré qu'un médiocre parti du procédé de l'*assurance*. De ce côté, bien des progrès sont possibles et s'effectueront avec le temps pour donner aux familles ouvrières une plus grande somme de sécurité. Mais, en attendant, il est nécessaire que chacun s'efforce d'éviter à l'ouvrier ce brusque passage d'un travail excessif au manque de travail. L'intelligence et la bienveillance des patrons peuvent beaucoup en pareille matière. Mais le gros de la nation et les ouvriers aussi ne sont pas sans influence à ce point de vue. Il importe surtout d'éviter toutes les mesures qui peuvent troubler la marche naturelle de l'industrie : les guerres et les crises politiques doivent être principalement prévenues, car ce sont là les plus grands ennemis du travail et en même temps les plus grands fauteurs du socialisme.

Aucune occasion ne doit être perdue pour rapprocher les ouvriers et les patrons, pour rendre plus fréquentes et plus intimes leurs relations, pour faire qu'ils ne soient plus comme les membres de deux nations rivales et hostiles. Au contact des hommes disparaissent bien des préventions et s'émoussent bien des animosités. C'a été une heureuse inspiration du législateur français que l'institution des conseils de prud'hommes. Malheureusement cette création n'a pas porté jusqu'ici tous les fruits qu'on en pouvait attendre : la cause en est à quelques vices d'application sur lesquels l'attention publique a déja été attirée à différentes reprises. En Angleterre, les tribunaux d'arbitres, que M. Mundella, membre du parlement, a tant contribué à propager, ont rendu des services sérieux et souvent évité des grèves. Nous n'avons garde de croire que toute difficulté disparaisse et que l'accord finisse toujours par s'établir toutes les fois qu'on parlemente. Mais au moins les malentendus sont quelquefois évités et les querelles moins promptes à s'envenimer.

L'instruction aussi a beaucoup à faire pour adoucir les relations des différentes classes de la société. Sans être une panacée toute-puissante, elle peut avoir une influence considérable, à la condition d'être substantielle et solide. Il faut qu'elle porte sur les notions utiles et non plus seulement sur les mots. L'économie politique doit être enseignée dans toutes les écoles. L'origine légitime de la propriété et le rôle bienfaisant du capital, la nécessité de l'héritage et les causes réelles de l'inégalité entre les hommes, ce sont là des thèses qui ne doivent pas être abandonnées comme un monopole aux publicistes de hasard et aux orateurs de carrefour. Il faut les traiter théoriquement, avec simplicité et brièveté devant les ouvriers adolescents. Cet enseignement est difficile peut-être, mais non pas impossible, à coup sûr. Il y a moyen de faire des manuels nets et clairs et de déposer dans l'esprit des jeunes générations un ensemble de notions saines sur la constitution économique de la société. L'enseignement professionnel doit aussi prendre de l'extension et de l'essor.

Il ne faut pas oublier les femmes, qui ont une

si puissante influence, quoique indirecte et latente. Le plus grand mal de notre époque, c'est qu'elles commencent à se laisser gagner au socialisme; on les trouve dans les grèves, dans les réunions publiques et dans les émeutes au premier rang. La société, dans son intérêt propre, doit soigner avec une particulière prédilection, l'éducation de la jeune fille pauvre. Il y aurait un volume à écrire sur ce sujet et nous en ferons paraître un bientôt[1]. Procurer à la femme des ressources, lui rendre la vie moins précaire et, autant qu'il est possible, moins amère, c'est un des problèmes qui s'imposent, sous peine de décadence, à nos sociétés modernes. Sans se livrer à des déclamations dangereuses ni à de séduisantes utopies, ou peut, au moyen de l'instruction professionnelle, arriver à des résultats importants et relever la rémunération ainsi que le morale de l'ouvrière.

La société a également des devoirs de protection envers la famille. Peut-être notre législation n'assure-t-elle pas assez le respect de l'enfance et le

---

1. L'Académie des sciences morales et politiques a mis au concours en 1869 la question du travail des femmes dans l'industrie. Elle a couronné un Mémoire que nous lui avions adressé sur ce sujet et que nous ne tarderons pas à publier.

respect de la femme : elle n'a aucune sévérité contre des vices qui blessent au plus haut degré l'intérêt des être faibles, tels que l'ivrognerie et la débauche. Sans mettre le séquestre sur les salaires de l'ouvrier et sans se constituer gardienne de la pudeur des jeunes filles, la loi pourrait sortir de sa criminelle indifférence vis-à-vis des débauches de cabaret et de la séduction. Il y a des mesures de rigueur à prendre que l'on ne saurait indéfiniment ajourner. Il est aussi des moyens plus doux et non moins efficaces, qui peuvent porter un coup à l'influence du cabaret et rendre facile et agréable à l'ouvrier la vie de famille. La question des logements est au premier rang à ce point de vue. La loi ne peut avoir en ce sens qu'une action bornée : mais nous voudrions que les sociétés philanthropiques et les industriels tournassent leurs efforts de ce côté. Si la vie de famille n'existe pas dans les classes laborieuses, cela tient souvent à l'exiguïté et à la saleté des logements. Le cabaret est alors le lieu de réunion et de délassement : on y devient à la fois envieux, cupide, révolutionnaire et sceptique, communiste en fin de compte. Les bons livres, instructifs et intéressants, sont encore à créer et à répandre ; c'est toute une littérature qui manque en France. Le goût de la musique et des arts, les sociétés de récréation et d'instruction populaire, orphéons, gymnases, etc. sont aussi à encourager. Quel champ immense et presque illimité pour ceux qui aiment le bien et qui savent le faire ! Quelle abondance de récoltes, qui n'attend que les moissonneurs ! Mais il faut du zèle, du dévouement, de l'intelligence, du tact aussi, de la patience et du temps.

Il est sans doute plus commode de vanter quelque panacée, comme la participation aux bénéfices ou toute autre formule également vague et creuse. On est mal venu à détruire les illusions des utopistes, en même temps que l'on renverse les arguments des satisfaits. Prêcher un régime de conciliation, de bienveillance mutuelle et d'efforts soutenus, signaler mille vices de détail qui doivent être réformés, c'est là une tâche ingrate.

Cependant les sociétés européennes, et particulièrement la société française, ne peuvent se sauver d'une prompte et irrémédiable décadence que par un régime sévère. Toutes les classes ont à réformer leurs mœurs et leurs idées. Toutes ont à revenir au sentiment du devoir, à la conscience du but de la vie, à la pensée religieuse. Notre civilisation toute matérielle et artificielle, notre vie toute de luxe, de vanité et d'égoïsme, l'ensemble de notions superficielles et paradoxales où s'alimentent les esprits du plus grand nombre, toutes ces conditions si défavorables à la paix et à la morale sociale doivent se modifier peu à peu, mais radicalement. Il faut reprendre des mœurs plus simples et plus sincères, des relations plus franches et plus cordiales, il faut devenir un peuple vraiment démocratique, c'est-à-dire sérieux, austère et digne. Il faut arriver à la conception juste du rôle de la richesse dans le monde moderne et se rendre compte qu'elle crée encore plus d'obligations que de jouissances.

Demeurons, si bon nous plaît, sceptiques, vaniteux, révolutionnaires : continuons, comme depuis trente ans, à former une société d'aventuriers âpres à la curée et de parvenus avides de jouir : mais ne nous étonnons pas alors que les populations ouvrières marchent sur nos traces et nous disputent par la violence ce bien-être matériel au-dessus duquel nous ne mettons rien. Si notre faiblesse et notre insouciance nous engagent plus avant dans la voie où nous sommes entrés depuis de longues années, il sera possible que la délicatesse et le raffinement de notre civilisation se développent encore davantage ; mais nous serons voués à des secousses incessantes et à de pério-

diques catastrophes, nous finirons par nous abîmer un jour dans l'anarchie et le crime : l'éclat
de notre prospérité apparente sera souillé par les
plus honteuses turpitudes sociales, et il sera expié
par d'intimes souffrances et de continuelles an-
goisses.

Si nous faisons, au contraire, un grand et collectif effort pour revenir à des mœurs plus saines,
pour rétablir dans les rapports sociaux l'indul-
gence et la courtoisie réciproques, nous ne serons
pas encore exempts de tout péril, mais nous aurons la force de résister au mal et d'en triompher.
Nous arracherons au socialisme la fraction la plus
honnête et peut-être même la plus nombreuse des
populations ouvrières : nous ne lui prêterons pas
le secours si puissant des partis politiques mécontents et vaincus : nous jouirons d'une prospérité
solide et d'une sécurité durable. Mais, pour atteindre ce but, il faut deux qualités, qui sont devenues rares de nos jours : le sentiment du devoir
et l'esprit de sacrifice

Nous avons exposé à grands traits dans ce chapitre quelques-unes des satisfactions que l'on
peut accorder aux populations ouvrières. La nature même sera dans cette œuvre de rédemption
notre collaboratrice efficace. Les progrès de l'indus-

trie, les inventions de l'esprit humain, l'accumulation des capitaux formés par l'épargne, contribueront chaque jour à élever la situation matérielle de l'ouvrier, c'est-à-dire à lui donner des salaires plus amples et des loisirs plus longs. Mais c'est sur le moral surtout qu'il importe d'agir. Or, il est un mot qui doit résumer tout ce livre : au flot toujours montant des revendications populaires, il n'est qu'une digue que l'on puisse opposer avec succès, c'est l'honnêteté et l'union des classes élevées.

FIN.

TABLE DES MATIÈRES

FIN DE LA TABLE.

Impr. E. CAPIOMONT et V. RENAULT, rue des Poitevins, 6.